フィニッシュ直前。右足のキックと、左足ブロックが
最も利いているパワーポジション。左足と左手による
完全なブロックにより、目の横につけていたやり先が
斜め上を向いて投げだされようとしている。このとき
気を … 顔
もし …

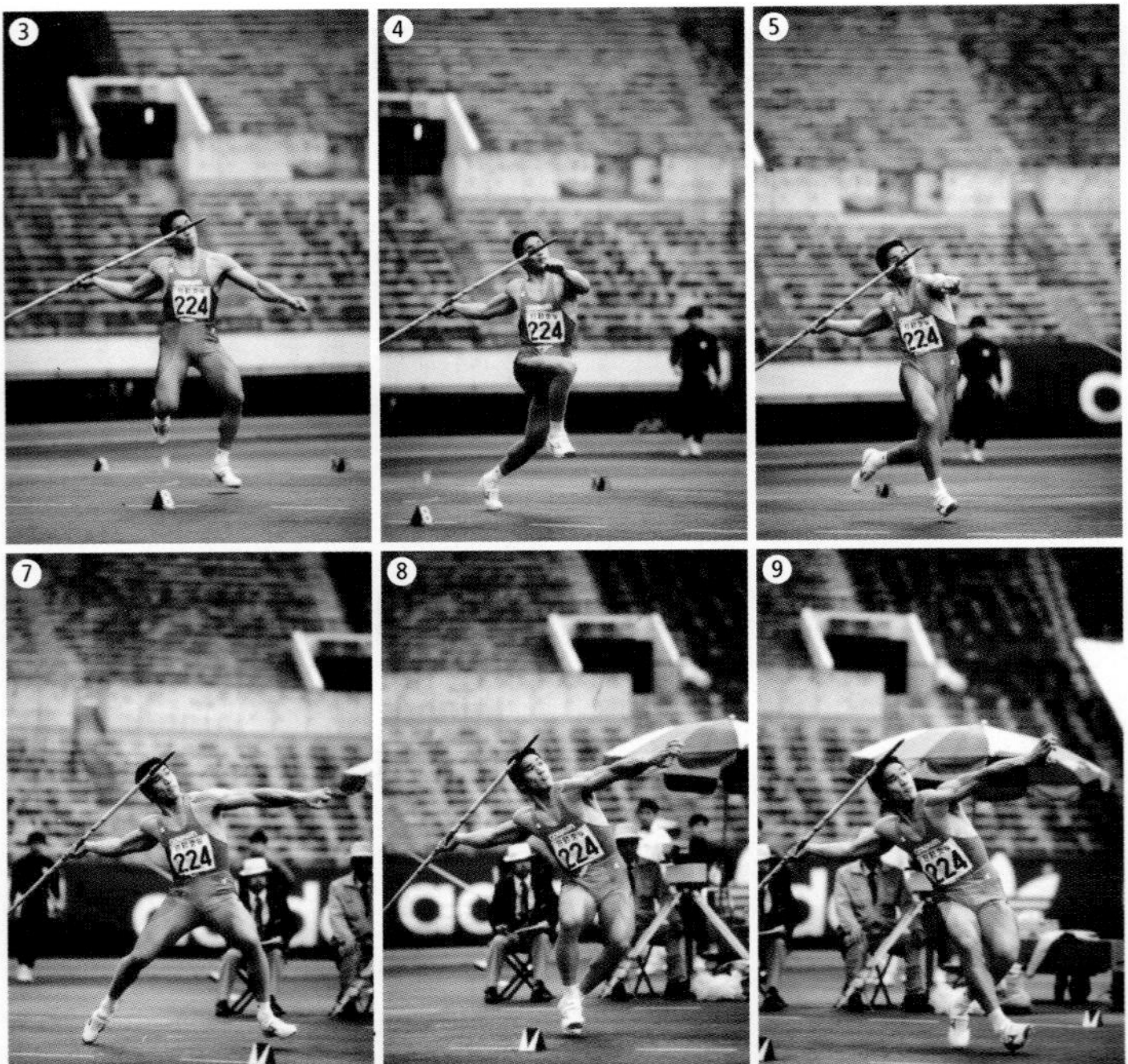
③
④
⑤
⑦
⑧
⑨
⑫
⑬
⑭
224

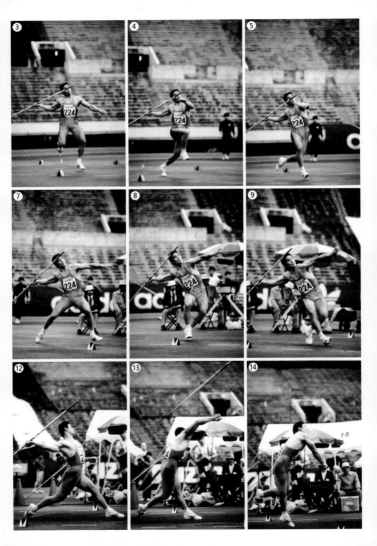

クロス・ステップ時にもやり先がしっかりと目の真横に付けられていて、スピードが出ている割に上半身のブレが非常に少ない。ほとんど跳ばないラスト・クロス❾あたりで、ようやくやりが投擲方向を向く。投げる直前まで上半身をやや前かがみにして、猫背気味にしている❿。右足の強烈なキック⓫に猫背が破壊され、フィニッシュ前には完全に反り返り⓬、肩と背骨の反動を使ってフィニッシュ⓭。

⑮

リバース（投擲後の動作）。筋肉の塊である右腕が、一本の棒のようにして投げられているのがわかる。投げた後も顔は投擲方向を向いたまま。人間は見ている方向に力が集中するからだ。しかしこの翌年にはそれを捨て、顔を左側にそむけて頭の反動までも利用する新技術をあみだすことになる。

一投に賭ける

溝口和洋、最後の無頼派アスリート

上原善広

角川文庫
22122

プロローグ

一九八九年五月の米国西海岸サンノゼは、爽《さわ》やかな陽気に包まれていた。

爽やかな風が、右前方から流れてくる。

四投目。やりを持つとピットに入り、やりを担いだ。そして肩関節をカチッと音がするくらいにキメると、すぐに助走に入った。

助走はもちろん、全力疾走。

イチかバチか、全速力で走る。

クロス・ステップを始める箇所には、ピットすぐそばに白いテープを張ってマーキングをしてある。この目印を視界の端に確認したら、すぐにクロス・ステップに入る。

クロスは五歩。

その時、やり先は目の真横に付ける。

傍目《はため》からは後ろにやりを引いているように見えるが、実際は違う。半身になっているだけで、ここにきてもカチッとキメた肩関節はそのままだ。

やり投げでスピードが落ちるのが、このクロス・ステップの時だ。やりを構えるために半身になっているため、どうしてもスピードが落ちる。

しかし、このスピードを殺したくない。重心を低くたもったまま、ダダダッと走り抜けるイメージで、ガニ股《また》気味にクロスする。

そしてラスト・クロス。

他の選手はここで軽く跳んで、着地したときの反動を使って投げるが、全スピードを活《い》かすため、私はラスト・クロスも決して跳ばない。助走で得たスピードを活かしたまま、スクワット二三〇kg以上を挙げる右足を前方へ、思い切り全力で蹴《け》りだす。

ガンッという衝撃が身体に走った。

左足による、完全なブロック。

猛スピードで真正面から電柱にぶつかり、一瞬にして止まった事故車のように、助走とクロスから右足によって全力で蹴りだしたパワーを、左足一本で一瞬にして止める。

左手も固定して、左半身までも一瞬で止めてしまう。

強烈な衝撃は左足から体幹を通り、右肩へと伝わっていく。

その衝撃ですでに飛び出そうとしているやりを、ベンチプレス一九七・五kgを挙げる腕力でさらに前上方へと押し出してやる。

目の横に付けていたやり先はこのとき、初めて上空を向いて離れていく。

右肩と右肘《ひじ》は、あまりにも急激な衝撃に破壊されるのを恐れて悲鳴をあげるが、別につぶれたって構うことはない。

全ての力を込めて、やりを上空へと投げる。

バンッ、という音にもならない音をたてて、やりは空中へと投げ出された。

全てのタイミングが合った。

右手の指にはまだ、やりの重さが感触として残っている。

何とかファウル・ライン手前二cmで踏みとどまる。

全身が、強烈な痛みで悲鳴をあげる。

ここで初めて、「ウッ」と声をもらした。

グッと締めていたあごを上げ、やりの軌跡を追った。

高く舞い上がったやりは、右前方からの風に乗り、そのまま頂点へ達すると、今度は山なりに落下し、鮮やかな緑色の芝生へと、吸い込まれるようにサクッと突き刺さった。

アメリカ人の観客がドッと沸いた。

やりが着地したのを見届けると、私はそのままピット後方から外へ出た。ファウル・ラインに座っていた審判が、ノー・ファウルを意味する白旗を挙げる。

上着をはおり、ベンチに腰かけて、次の投擲《とうてき》のために体を冷やさないようにする。

やがて計測結果が出た。

「エイティーセブン、シックス・エイトッ」

八七m六八。

「NEW WORLD RECORD!」

興奮して叫ぶ場内アナウンス。

従来の世界記録は八七m六六だから、二㎝の記録更新となる。

観客は騒然、他の選手が「コングラッチュレイションッ」と、ぞくぞくと笑顔で私に握手を求めに来る。あまりの騒ぎと英語が聞き取れないので一瞬、何が起きたかわからなかった。

とにかく途方もない記録が出たことだけは、感触でわかっていた。

そのとき私は思った。

全てをこの一瞬に賭《か》け、

自分はその賭けに勝ったのだと。

目次

第一章　発端

記憶という「勲章」

トルコキキョウは美しい。

自分で作っていて、褒めるのも変かもしれない。それでも、毎年の出来栄えを見ていると、いつ見ても美しい花だと思う。

白い「キングオブスノー」、ラベンダー色の「キングオブオーキッド」など、トルコキキョウには主に四〇種類くらいの品種があるが、私はそのうち「シルク・ラベンダー」をはじめとする四種類を育てている。シルク・ラベンダーとはその名の通り、白を基調とした中に、淡い紫が沸《にえ》のように入っている。数あるトルコキキョウのうち、このシルク・ラベンダーがもっとも気に入っている。

トルコキキョウの栽培を始めたのは、やはりその将来性にある。昔気質《かたぎ》の親父の農業では、借金が増えることはあっても、減ることはないからだ。

亡くなった親父とも、初めはよく衝突した。

農家というのは、いまだに高い農耕具を借金して購入し、自転車操業のように暮らしているところがある。親父の時代まではそれが通用したのだろうが、今そのやり方では食っていけない。

私が、親父に「今はもう通用せんで」と言ったところ、親父はこう言って怒った。

「お前は、現実的すぎるッ」

取材に来たあなたから「徹底した現実主義者ですね」と言われたとき、親父からも同じことを言われたなと、思い出した。

確かに私にはこれといった信仰もないし、伝統を守るという大義も持ち合わせていない。自分のやることについては徹底的に一から追究して、それまで常識とされたことを見直す習性のようなものが身に付いてしまっている。

私に信条というものがあるとしたら、「世の中の常識を徹底的に疑え」に尽きるだろう。だから農業経営の根底を見抜き、トルコキキョウの栽培に行きついたに過ぎない。私は親父のように、農業にロマンを求めているのではない。だから親父の言葉に、私はただ苦笑いするしかなかった。

一一月中旬から出荷シーズンが始まると、翌年の六月いっぱいまでは忙しくなる。それまでトルコキキョウは個人で細々と作っていただけだったが、私の住んでいる地域のＪＡ紀南《きなん》の一元化販売により、安定して出荷できる仕組みができた。今では紀南全体で、八万本以上出荷されるようになった。

これによって何より安定供給できるようになり、市場において、「紀南」という産地の評価が上がったのが良かった。その容姿と花色の豊富さ、花持ちが良いことから和洋、冠婚葬祭、入学式など、どんな席でも合うのがトルコキキョウの強みだ。

栽培には手間が掛かるが、妥協はしない。定期的な水やりはもちろん、無駄な下枝の剪《せん》定《てい》、品種によっては花芽の整理も必要で、一本一本、丹念に手入れする。

それでも、供給を安定させるまでは試行錯誤の連続だった。

JAで教えられる常識は、あくまで教科書的なものでしかない。他人の指導だけでトルコキキョウが毎年たくさんできればいいが、現実はそうではない。最初は必死でつくり笑いして頭を下げて、その栽培方法をJAから学んだが、基本的なことがわかれば、あとは自分の創意工夫次第だ。

JAは教えるだけで、花が不作であっても何もしてくれない。結局のところ、トルコキキョウと向き合って具体的に何をすべきかを考えるのは、自分自身なのだ。

だから私がやるべきことは、ただトルコキキョウを育てるだけではない。その目的が単に育てて咲かせるだけと、出荷して金を稼ぐとでは、似ているようでまったく違う。

四五歳で農業を継ぐまで、私はやり投げ選手だったこともあるし、コーチをしていたこともあるし、パチプロとして生計を立てていたこともある。結局のところ、農業もパチプロも、根底はやり投げと共通している。

矛盾しているようだが、私は、やり投げをやっていたのではない。「細長い八〇〇gの物体を、できるだけ遠くに投げる」競技をしていたのだ。やり投げという競技をシンプルに突き詰めれば、自然とそうなってしまうのだ。

トルコキキョウも同じことで、私のやるべきことはトルコキキョウを作ることではなく、そういう名のついた花を毎年、できるだけたくさん安定供給することにある。

トルコキキョウの栽培は、それ独自の難しさはあるものの、作業自体はやり投げのトレーニングよりも遥《はる》かに楽だ。だから私は楽しく農業に励んでいる。

鼻歌まじりに草刈りなどの農作業をしていると、周囲の連中から「もっと真面目にやれッ」と注意されることもある。

しかし、このような楽な作業を、さも「天から下された苦難」のようにやる方が妙ではないか。私が経験してきた地獄に比べれば、農業など天国だ。

もちろん農業には農業の厳しさがある。

しかし、ついやり投げとつなげて考えてしまう。一五で始めたときからこれまで、やり投げのことしか考えてこなかったのだ。自らの前半生を賭《か》けたやり投げは、もはや私の思考の基礎となっている。

しかしいま、私の手元には、やり投げに関するものが何もない。

トロフィーも表彰状も、何もない。まだ京都でやり投げをやっていた頃、付き合っていた女が整理してくれていたが、別れて引っ越しするとき、それも全て捨ててきた。

べつにやり投げと決別しようとか、そういう決心があったわけではない。元々トロフィーや表彰状という「物」に対して、意味を見いだせない性質《たち》なのだ。

陸上競技界のアジア人として初めて表紙に掲載された、IAAF（国際陸上競技連盟）主催のWGP（ワールド・グランプリ）シリーズ最終戦のパンフレットだけは取っておいたはずだった。確かに、実家に越すときは持っていたはずだ。

それで先日、あなたから「見せて欲しい」と言われて探してみたのだが、どこにも見当たらない。

もしかしたらこれも、引っ越すとき捨ててしまったのかもしれない。妻はそれを聞いて「信じられない」と言うが、私からすれば、記念品を取っておいて有難がる方が不思議でならない。

その代わり、私には、鮮明な記憶だけが残っている。何年の何月何日、どの試合の、何投目が何m何cmで何位だったか、今でも瞬時にそれを思いだすことができる。

それ以上の勲章があるだろうか。


「やり投げに専念することにしたから、別れたい」


もともと農業については、実家が農家だったから農作業は幼い頃より手伝っていたので、それなりに慣れていた。

私は一九六二年、和歌山県白浜町《しらはまちょう》で生まれ育った。姉が二人と、妹が一人の四人兄弟。男は私だけだ。だから今でも女というのは、信用がならないと思っている。家で普段過ごしている姿を見ているものだから、外面になると途端に変わるところを見て、幻滅したのだ。きっと他の女もそうなのだろうと。

女兄弟ばかりだったが、どちらかというとガキ大将で、友人たちと家の近くを流れている富田川《とんだがわ》や、裏山を駆け回って遊んだ。

白浜町は海辺のリゾートとして有名なのだが、私の生まれた集落は山間の方だったので、観光客が集まる海辺の砂浜よりは、川遊びの方が盛んだった。だから泳ぎは得意だ。稲刈りの終わった田圃《たんぼ》で野球をしたり、親父が当時、栽培していた紀州名物の蜜柑《みかん》をごっそり取っては裏山に登って遊んでいた。

負けず嫌いなのは生まれつきで、中学に上がったときにA組からF組まで代表を一人ずつ選ぶ腕相撲大会があった。そこであと一人というところで負けて、二位になってしまった。

このときは悔しくて、家の柱にゴムを結わえて練習し、優勝した奴にもう一度勝負を挑んで勝った。体育の時間にマット運動ができなかったときも、家で布団を敷いて、できるまで練習した。

自分ではあまり意識していなかったが、姉たちの姿を見て幻滅した点などを考えると、もともと繊細な子だったのかもしれない。この負けず嫌いな性格と繊細なところは、以後、私の長所でもあり、短所でもあり続ける。

格闘技に興味があったので、中学に入ったら柔道部に入ろうと思っていた。

しかし、私の入学する少し前に死亡事故があって、柔道部が廃部になってしまった。そこで仕方なく剣道部に入ったら、ただメンメンとやるだけで、よく見えない防具の中で汗だらけになるのが馬鹿らしくて、すぐに辞めた。柔道部があれば、柔道選手になっていたかもしれない。

もともと教師から言われた通りのことをやるのが苦手だったので、それからはどのクラブにも入らず、もっぱら帰宅部だった。

その頃「特活」という時間があった。そこで放課後、週に一度だけ将棋をしていたので、後にマスコミは面白おかしく「中学は将棋部」と書いたが、将棋部ではなく帰宅部だ。しかし、不良というわけでもない。

何をしたいのか、自分でもよくわからなかった。

この頃、初めて彼女ができた。校内でも評判の可愛い子だったが、どうしてか、すぐに振られてしまった。それがまた悔しくて、猛烈に追い掛けてよりを戻してから、今度はこっちから振った。子供の意地の張り合いのようだが、このときはプライドが許さなかった。

中学三年生のとき、学校から戻って自宅でぼんやりテレビを見ていたら、NHKで「やり投げ教室」をやっていた。見ていたら簡単そうで、これなら自分でもできると思ったのが、そもそもの間違いの始まりだった。

もともと肩には自信があった。

小学校のとき、外野からバックホームにノーバウンドで返球して、周囲を驚かせたことがある。川原で石を投げて遊んでいたから強くなったのだろうと、そのときは思っていたが、先生からは「これは天性のものだぞ」と言われた。

それでリトルリーグに入って、野球をやったこともあった。ピッチャーをやりたかったが、コントロールが悪いのでサードにつかされた。しかしある日、セカンドの子がミスしたのを私がボロクソにけなすと、罰としてベンチに下げられた。それで馬鹿々々しくなって、野球はそれきりやっていない。他人がミスすれば腹が立つし、逆に自分がミスしたら文句を言われる。そんなスポーツは自分に合っていない。

しかし、やり投げは個人競技なので、自分に向いていると思い、自転車で一五分くらいの熊野《くまの》高校に進学すると、迷わず陸上競技部に入ってやり投げ選手になった。

しかし陸上競技部顧問の登坂健一《とさかけんいち》先生は長距離が専門で、やりは週に一度投げられるくらいで、とにかく走ってばかりいた。

グラウンドは野球部、ラグビー部、ソフトボール部と入り乱れていたので、とてもやりを投げられるような環境でなかった。だから練習はもっぱら短距離の連中と一緒だったが、もともと走るのが嫌いだったのでよくずる休みをした。高校までは万事、そんな調子だ。

しかしピッチャーもそうだが、あまり高校生の段階で肩や肘《ひじ》を酷使すると、大人になってから使いものにならなくなることが多い。そう考えれば、このときいい加減だったのが逆に良かったのかもしれない。

高校一年では、ろくに練習していないのに四九m八六を投げて、ジュニア近畿《きんき》大会で四位に入った。そして二年生になったら五九m五六と、一〇mものびた。県大会は二位で近畿大会まで進んだが、近畿大会は七位に終わってしまった。

このときの競技開始は朝九時半からだった。

私は今でもそうだが、とにかく朝が苦手だ。それで近畿大会は七位になってしまったのだが、六位とは二〇㎝差でインターハイ出場を逃してしまった。この頃までは練習もいい加減だったから、それが災いしたのだろう。

しかし、この僅差《きんさ》での敗北が悔しくて、この時からは部活をずる休みすることもなく、毎日練習するようになった。

練習といっても、相変わらず走ってばかりいたが、記録は順調に伸びて、三年生では県予選で初めて六〇mを突破して、優勝できた。

近畿大会では、昨年の雪辱を果たそうと気合が入り、六〇m七二でこれもまた優勝してしまった。全国大会の優勝ラインは六〇mを超えた辺りだから、これは狙えるかもしれないと初めて思った。

とにかく予選は一位で通過して、インターハイに初出場できることになった。ずる休みさえしなければ、優勝できるかもしれないと欲がでた。

この年のインターハイは滋賀であったが、美容師になりたての姉にパーマをかけてもらったらアフロヘアにされてしまった。そのまま出場したら、周囲がジロジロと見るので恥ずかしくて、力んでしまったのも災いしたのか、結局、五九m六八で六位に終わった。

これには自分でも不甲斐《ふがい》なく、とにかく悔しかった。だから高校最後の全国大会、一九七九年の宮崎国体では真剣に投げた。

試合当日は、豪雨となった。

アフロパーマも落としたし、雨であっても周りも同じ条件だ。雨のためか他の選手は低調で、これはいけると思ったが、地元滋賀のインターハイで予選落ちしていた松井《まつい》和彦《かずひこ》も、雪辱に燃えていたのか、試合は彼との投げ合いになった。結局、五投目で六二m五二を投げられて逆転された。全国大会で二位になったのが嬉《うれ》しかった半面、もう少しで優勝できたのにと思うとこれまた悔しかった。

とにかく高校では悔しい思い出しかない。

しかし国体も終わった高校三年、一九八〇年の冬には、大阪の靴屋への就職が決まっていた。勉強は好きではないし、そのうち農家の長男として実家を継ぐことにもなるだろうと思っていたので、大学に行く気はなかった。とりあえず一度は都市部に出て、就職しようと思って内定をもらっていたのだが、ここで私の生まれつきの負けん気がでた。

やはり国体二位というのが、悔しくてならなかった。

高校卒業を前にすると、その思いがより強くなってきた。

すでに大学の推薦入試は終わっていたのだが、「もう少し、やり投げをやりたい」と顧問の登坂先生に相談に行った。すでに就職が決まっていたので、先生もこれには驚いていたが、京都産業大学に知り合いがいるから、相談してみようと言ってくれた。

後で知ったのだが、先生の国士舘大学時代の友人が、京産大の陸上部で長距離を教えていたので、そのツテで大学に話を通してくれたそうだ。私も関東の大学に行く気はなかったので、やり投げさえできればそれでいいと思い、そのまま京産大への進学が決まった。これも今思えばあとさき考えない、無鉄砲さからくる失敗だった。

細々と農業をしているだけの実家には、大学まで行かせる余裕などないことはわかっていた。だから親父には「もう少し、やらせてくれ」と頼んだ。「好きにしたらええ」と言ってくれたので、よし、だったら大学では七〇mを投げて、日本一になって辞めようと決心した。

大学進学が決まり、あと四年間はやり投げをすると決まったとき、私はすぐに中学、高校の友人に電話して「もう今までのようには会えない」と断りをいれた。そのとき付き合っていた彼女にも「やり投げに専念することにしたから、別れたい」と強引に別れた。なぜここまでしなければならなかったのか。どのような分野でも、一つのことを極めるには、人間の情やしがらみといった、余計な部分を断ち切る覚悟がいる。それは具体的には、友人であったり、女であったり、また時には世話になったコーチであったりする。特に才能のない私には、そうするしかなかった。

「なんや、それでええんや」

京都産業大学の陸上・投擲《とうてき》ブロックは、練習は基本的に自由にやらせてくれた。当時の京産大は、特に陸上が強いという大学ではなかった。コーチはグラウンドにいても選手の自由にやらせてくれたので、人にとやかく言われるのが嫌いな私にはこれが合った。友人とも恋人とも別れたのだ。とにかく学生の間はやり投げに専念するのだとだけ決めていた。男には一生に一度、こういうときがないと駄目だ。

大学一年生の六月、西日本インターカレッジ（大学選手権）では、とりあえず目標にしていた七〇mを超え、いきなり七一m五四を投げた。全日本インカレではさらに七二m二六を投げたが、二位に終わった。筑波大四年の吉田《よしだ》雅美《まさみ》に負けたのだ。

ここで私の目標は、大学記録と日本記録保持者の吉田雅美になった。とにかく負けるのは嫌いなので、「この野郎、ぶっ殺してやる」と思いながら投げていた。

大学一年のインカレでは、吉田に次いで二位だったのだから、吉田雅美が卒業してしまった二年のインカレでは、もちろん優勝するつもりだった。

ところが二年目からは、肘を痛めて投げられなくなってしまった。

一年生のときから肘は痛んでいたので、その兆候はあったのだが、無理して投げたのがいけなかったのか、普通の生活もできないくらい肘が痛んで、二年生からはまったくやりが握れなくなった。

関西インカレには出たものの、五九m台で四位に終わった。全日本で二位だった私が、翌年の関西大会で四位なのだから、自分でも情けなくて嫌になった。

結局この故障のために、私は大学生活の丸二年を棒に振ることになる。最初に壁にぶち当たった辛《つら》い時期で、これには本当に参った。いま思えば、競技者にはこういう壁にぶつかるときが必ずあるものだが、私の場合は大学二、三年がそれにあたる。

しかし、これも悪いことばかりではなかった。

ある試合に出たとき、一人の選手が、ドタドターッとラグビー選手のようなドンくさい助走をして、強引な力技だけのフォームで八〇m近くまで投げているのを眼の前で見たのだ。

「なんや、あんな投げ方してもええんや」

目からウロコとはこのことだった。

この頃の私は一〇〇m、一四秒台と非常に遅かった。一九六四年の東京オリンピックに出場した円盤投げの金子《かねこ》宗平《そうへい》でも、一〇〇mを手動計測だが一〇秒台で走っている。

確かに私の肩は強かったが、強みはそれだけで、陸上選手としての才能は全くない。だからこそ友達付き合いまで絶って、やり投げに挑んだのだ。そうしないと日本トップになれないくらい、身体的才能には恵まれていなかった。

足が遅いので、自然と力投げになっていたのだが、当時の常識では「力投げはいけない」とされていた。助走をとにかく速く走って、最後にポンッと跳んでその着地の反動で投げる。スピードをいかした投げこそ、日本人に合った理想の投げ方だとされていた。

それをドタドターッと走って、ガンッと力だけで投げて八〇m近くまでもっていった選手を眼の前で見て、「なんや、それでええんや」と腑《ふ》に落ちた。それまで「常識」と言われていたものが、私の中で崩れた瞬間だった。

偏見を取り除く

それからの私は、一切の常識を疑うようになった。

投げられないのだから、考える時間だけはたっぷりある。

大学生活の二年と三年で、やり投げという競技にはっきりと向き合うことにした。

まず「やり投げ」という競技について、一から根本的に考えてみた。

これはそもそも「やり投げ」と考えるからよくないのではないか。「やり投げ」と考えるだけで、例えばこれまでのトップ選手のフォームが脳に焼きついてしまっているので、偏見から抜けきらない。

そこで私が考えたのは、「全長二・六m、重さ八〇〇gの細長い物体をより遠くに飛ばす」ということだ。

こう考えれば、それまでの「やり投げ」という偏見を取り除くことができる。

私がやるべきことは結局、「やり投げのフォーム」を極めることではない。「やり投げという競技」を極めることにあるのだ。

具体的には「二・六m、八〇〇gの細長い物体をより遠くに飛ばす」ことができれば、世界記録を出し、オリンピックでも金メダルを狙えるところまでいけるのだ。そうして初めて「やり投げ」を極めることができる。

そこで最初に始めたのは、座ってやりを投げることだ。

やり投げという競技は、たとえれば戦車のようなものだ。

つまり上半身と下半身を、別々に動かさなくてはならない。戦車は前に向かって進んでいても、砲台は横にも後ろにも向けることができる。この動きができないと、「二・六m、八〇〇gの細長い物体」をより遠くに投げることはできない。

そこでまず上半身と下半身の動きを、徹底的に研究した。例えば座ってやりを肩に担ぎ、そこから投げる。こうすれば上半身がどう動けばいいのか、身体を使って理解することができる。

やり投げの助走は「三〇m以上」と決められているだけで、どれだけ長くても良い。実際にはフィールドを出てトラックまではみ出て、その壁ギリギリまでの範囲ならいくらでも助走していいのだが、だいたい長くても四五mほどだ。ということは、投擲動作であるクロス・ステップに入るまで、三〇mほどの助走ができる。

そのため上半身はやりを担いだ姿勢のまま固定しているのだが、下半身だけは全力疾走しなければならない。だから助走時には、上半身と下半身が別々の動きをしなければならないのだ。

座って投げるのはもちろん、下半身については、手を後ろで組んで助走する練習も取り入れた。こうすると誰でも上半身がブレるが、これを最小限にとどめる練習を繰り返した。これができれば、やりを持っても、上半身がブレなくなると考えたのだ。

世界初の技術をつくる

そこまでできると、投擲動作に入る。

やり投げの投擲動作とは、助走では担ぐようにして持っていたやりを、投げるために半身の姿勢になるところから始まる。つまり体が横を向いたまま走ることになる。これをやると足がクロスして走っているように見えるので、「クロス・ステップ」と呼ばれる。やりを後ろに引くと、どうしてもその姿勢になってしまうので、これは仕方ない。

クロス・ステップは大体、五歩が多いのだが、力投げする外国人選手には三歩で済ませる選手もいる。逆に日本人で七歩クロスする者もいる。

私はこれも一から試行錯誤して、やはりクロスは五歩と決めることにした。助走スピードを活《い》かしながら、投擲動作に入るギリギリの線が五歩だった。ここまでは他の選手もやっている。

しかしクロス・ステップの最後の局面では当時、全ての選手が軽く跳んで右足、左足と着いて投げていた。

私も以前まではそうしていたのだが、クロスの最後に高く跳ぶと、せっかく固定していた上半身がどうしてもブレるし、スピードも逃げる。

力の伝達というのは、足が着地しているときだけに派生する。

だから両足が地面から浮いている状態では、跳んだあと着地したときの反動は活かせるかもしれないが、両足が離れている間、スピードは惰性で前に進んでいるに過ぎない。つまり跳ぶことで、助走スピードを結果的に殺してしまうことになる。

持って生まれたパワーに恵まれた外国人選手なら、多少助走スピードを殺してでも、着地の反動を目一杯フィニッシュに活かせるだろう。しかし、私のように身長一八〇cmと小柄な選手は、他の選手のようにラスト・クロスを跳ぶと、結局は利用できる着地の反動も小さいし、スピードも殺してしまうことになる。何より跳んでしまうと、フィニッシュのタイミングが取りにくくなる。

この問題を解決するには、最後のクロスをできるだけ跳ばないようにするしかない。

実際にやってみると、足の着地がかなり速くなるので難しかったが、強い肩で力投げする私にはしっくりいった。この技術を思いついたのは、当時、世界では私だけだった。

パワー＝筋力×スピード

大学二年から三年生にかけて、肘を痛めて投げられないときは歯がゆかった。しかし、いま思えばやり投げについて深く考える時間となった。

肘を痛めたことで、練習では特にウェイト（ウェイト・トレーニング）を重視するようになった。

ここでもシンプルに一から考えてみた。

やり投げにおいて、外国人選手と日本人選手の違いは何かといえば、まず身長などの体格差である。筋肉がどれくらい付くかは、その身長と骨格による。単純にいうと、長身であればそれだけ多くの筋肉を付けることができる。しかしこれは解決できない。いくら努力しても、身長は伸びないからだ。

外国人選手との最大の違いといえば、パワーだ。

パワーについては、愕然《がくぜん》とするくらいの差がある。パワーとは「筋力×スピード」のことだが、これは筋肉量に比例するから、要はいまもっている身長・骨格に対して、限界まで筋肉を増やせばいい。

このパワーを伸ばすもっとも良い練習とは何かを考えてみると、それは「ウェイト」という答えになる。ウェイトだけが、筋肉量を増やせる唯一の手段だからだ。

そこで私は、練習のほとんどをウェイトにすることにした。パワーを付けるにはこの方法しかないからだ。

これほどシンプルな考えはない。身体的素質に恵まれた外国人選手よりも多く、ウェイトをすればいいのだ。肘を痛めていたこともあり、まずは上半身を鍛えることにした。

陸上界をはじめ、よく「下半身を鍛えろ」と言う人がいるが、それは間違っている。

素直に見ればわかるが、外国人はまず上半身が大きい。逆に日本人はもともと短足で下半身は太い。外国人は上半身の力が強いが、足が長く不安定なので、下半身を鍛えろとなる。

しかし、これは日本人には当てはまらない。骨格が違いすぎるのだ。欧米でトレーニング理論を学んで、日本でそのまま実践するのは間違っている。

大学生の時点でここまで考えていたわけではないが、肘を痛めたときに直感で、これは上半身の筋力が弱いからだと思った。肘を痛めたのも、もともとは肘まわりの筋肉が弱いことが原因だ。だから徹底的に上半身を鍛えることにした。

痛みの限界、その先の世界へ

ウェイト中心の練習に切り替えても、相変わらず肘は、やりを握るだけで痛みが走った。そのためもう半年ほど、やりを握っていなかった。

しかし次のシーズンで、大学生活は終わってしまう。

一年生のときには一気にインカレ優勝を狙えたのに、これは筑波大四年だった吉田雅美に阻まれた。それから肘を痛めて、二年を棒にふってしまった。だから次の四年生のシーズンで、結果を出さなければならない。

最初から、やり投げは大学生までと決めていた。だからもう、肘が潰《つぶ》れてもいいと思った。

京都の冬は、寒さが厳しい。

三年生のオフシーズンだった。

私は一人、グラウンドに立っていた。それまでまともに持てなかったやりを握り、ひたすら限界まで投げつづけることにしたのだ。どうせあと一年で辞めるのだ。潰れたって構わない。

一本投げるごとに、激しい痛みが肘を襲った。その場でうずくまってしまうほどの痛みだった。

しかし、もはや痛みなどはどうでもよかった。そのまま一〇本、二〇本と全力で投げていると、仕舞いには肘がやりと一緒に飛んでいってしまうのでは、という感覚に襲われた。

しかしどんなに投げても、右腕が千切れるわけではない。いや、千切れてもいい。腕一本くらいなくなっても、実家に帰って農業くらいはやれる。それくらい投げられたら、自分自身にも納得がいく。

三〇本、四〇本くらいまでくると、痛みは限界に達し、麻痺《まひ》して感覚がなくなってきた。普通の選手でも、シーズン中一日に投げる限界が三〇本くらいだ。しかし私は投げ続けた。手元に四本ほどのやりを用意し、全力で四本投げては、六〇m先まで歩いて取りに行く、ということをひたすら繰り返した。

そして投擲数が一〇〇本を超えたあたりで、私は立ち止まった。時間は四時間を超えていた。

ムチャなのはわかっていたが、こうするしかなかった。とりあえず一〇〇本を投げたことに満足していた。右手の感覚はなかった。肘から先はブラブラと付いているだけ、という感覚があるのみだ。

とりあえず自分は限界までやったのだ。そのことに深く満足していた。私はスパイクシューズをはき替え、やりを片づけてアパートに戻った。

しかし、翌日になると事態は変わっていた。

体中が筋肉痛を起こしてパンパンに張っていたが、右肘の痛みはチクチクとしたもので、そうひどいものではなかったのだ。

これはまだ、投げられるのかもしれない。

私はその日も、三時間以上かけて一〇〇本を投げた。完全に右腕を潰すつもりだった。しかしその翌日もまた、あるのは筋肉痛だけで、肘の痛みはそうでもない。いや、激しく痛んでいるのだが、ムチャな投げをしたわりには、いつも通りの痛みしかないのだ。

「右肘は潰れていない。もしかしたら、このままシーズンまで投げられるのかもしれない……」

そう思うと嬉しくなって、またグラウンドに戻った。

もう一〇〇本というムチャ投げはしなかったが、それでも四〇本くらいは投げた。とにかく「やりが投げられる」ということが、何より嬉しかった。寝ていても苦悶《くもん》するほどの痛みの先には、まだ知らない世界が広がっていたのだ。


「やりで突き殺したろか」


長く厳しい冬期シーズンが終わると、大学生としては最後となる一九八三年のシーズンが始まった。

髪型も、高校生の頃の初心に戻るというわけでもなかったが、また姉に頼んでアフロパーマにして気合を入れた。開幕戦は四月七日、学生選抜陸上。これはカナダのエドモントンで開かれるユニバーシアードの代表選考会を兼ねていた。

私はここで七九m五八を投げて優勝、一年生以来の宿敵となる吉田雅美がもっていた学生記録を更新した。

しかし、なぜかユニバ代表に選ばれなかった。

私がJAAF（日本陸上競技連盟）に疑問を抱いたのは、このときからだ。

ユニバーシアードは学生世界一を決める大会で二年に一度開かれるのだが、代表選考会で、学生新記録で優勝した私が選ばれなかったのは、誰がどう考えてもおかしい。噂では、すでに短距離やリレーなどが日本代表として決まっており、メダルの可能性の少ないやり投げなどの種目は、最初から代表を出さないことに決めていたようだ。

しかし、それでは最初から代表選考会など、茶番ではないか。

「もっと外国に行って、いろんなところを見て外国人コンプレックスをなくしましょう」

普段からそう言っているのに、いざ代表を決めるとなると、こういうことを平気でする。そうして外国に行っても、試合が終われば観光地巡りばかりしている。「殺し合い」をしに行くつもりで試合に参加している私には理解できない。勝負するからには、勝ちに行かなくてはならないのだ。

そう苦々しく思っているところへ、翌五月の関東インカレで国士舘の岡田《おかだ》雅次《まさじ》が八〇m二二を投げ、私の学生記録も呆気《あっけ》なく更新されてしまった。

とりあえず吉田雅美を目標にしてやってきたが、それ以前に、同世代の岡田雅次が現れたのだ。とりあえず八〇mを超えないと話にならないと思った。

七月三日、私が出るはずだったユニバーシアードと同じ日に行われた京都選手権で八〇

m〇四をマークし、初めて八〇mラインを超えた。しかしそれからも「これが最後だ」という気持ちで投げ続けた。

ニッカンスポーツ・ナイター陸上で八二m五二を投げて学生記録を奪い返すと、全日本インカレで八二m三二を投げてついに初優勝した。とりあえず学生日本一にはなったのだ。

そしてシーズン終盤の群馬国体では、宿敵の吉田雅美が出場した。

この頃になると、もはや私にとって学生記録は目標ではなく「打倒吉田」になっていた。この群馬国体で吉田を倒して、私はやり投げをさっさと辞めるつもりだった。

試合は予想通り、吉田との投げ合いになった。

五投目までに八二m七〇の自己新記録、つまり三度目の学生記録をマークする投げを終えると、その時点で一位に立っていた。

そして最終の六投目。試技順は吉田雅美が先だったので、私は六投目に向けて軽く体を動かしながら、吉田の試技を見守った。

「ギャーッ」という、悲鳴とも気合ともつかない大声を出して投げられたやりは、八五mラインを大きく越え、八七m一八の日本新記録となった。

八七m……。この大記録にはさすがに私も唖然《あぜん》とした。

「なんちゅう記録や。どう考えても抜くのは無理や」

そう考えると、悪いクセで次に投げるのが嫌になった。そのため六投目は八〇mラインにも届かず、私はまたもや吉田に負けて二位になった。

とりあえず吉田に勝たなければ、腹の虫が治まらない。私は試合に出るたび、隣にいる吉田を「やりで突き殺したろか」と思うようになっていた。

世界トップにつけいる隙があると確信したロス五輪

とうとう大学の四年間が終わってしまった。

学生世界一を決めるユニバーシアード代表には選ばれなかったが、自己ベスト八二m七〇はオリンピックA標準を突破していた。そのため翌一九八四年に開かれたロサンゼルス五輪の代表に選ばれたのだ。学生世界一を決めるユニバには選ばれずに、いきなりオリンピック代表になったのもおかしなことだった。

大学でやり投げを辞めるつもりだったが、まだ一度も出たことがないオリンピックにも出られるし、吉田もまだ倒していない。

この時点で、私はやり投げを生業《なりわい》にすることにして、大学を卒業するとスポーツウェアなどを扱うゴールドウインに入社した。やり投げのプロとしてやっていこうと思ったのだ。

しかし、これが思ったよりきつかった。

やり投げのプロとはいえ、入社してすぐは会社の仕事を半日はしなければならない。

仕事は簡単な伝票整理が主だったが、練習場所は相変わらず京産大だったので、京都市の端から、大阪の会社に毎日通わなくてはならなくなった。

朝六時には起きて、片道二時間かけて通った。仕事は午前中だけだったが、仕事を終えて京都に戻ると午後三時になっていた。それから夜一一時頃まで練習だ。とりあえず一年は我慢したが、こんな調子だと睡眠もとれないし満足のいく練習ができない。そこで会社の上司に「練習だけに専念させて欲しい」と、辞めさせられてもいいつもりで言うと、意外と簡単に「いいよ」と言われた。こんなことだったら、もっと早くに言えばよかった。

ロス五輪に出たのは、こんな状況下だった。

オリンピックはさすがに凄《すご》い迫力である。満員のスタジアムで投げるのは良い気分だった。まだ新人ということで、緊張することもなかった。私は入賞するくらいはできるだろうと、意気込んで試合に挑んだ。

しかしロスでは、七四m八二という平凡な記録で予選落ちになった。

順当に自己ベストを投げれば入賞できていた。

試合前に第二グラウンドで練習しているとき、他の外国人選手も投げていたのだが、まだ大学を出たばかりの二二歳だったからか、それを見てテンションが上がってしまい、練習なのに競うようにして投げてしまったのだ。

このときは練習でも何本か八〇mを超えていたので、自分では調子良いと思っていたのだが、バスで試合会場に移動する一五分くらいの間に体はすっかり冷えてしまい、本番では全く実力を出し切れずに終わってしまった。吉田雅美は順当に八一m九八を投げ、五位入賞した。

試合後、落ち込んでいる私に、陸連のコーチはこう言い放った。

「せっかく連れてきてやったのに、なんてザマだ」

予選落ちして自分でも悔しいところへ、この言葉に私は切れた。

「うるさいんじゃゃッ。べつにお前に連れて行って欲しいと言うたわけやない。お前がオレに何してくれたっていうんじゃ。ガタガタ言うなッ」

単に試合に付いてきただけで、べつに世話にもなっていないコーチに「せっかく連れてきてやったのに」などと言われる筋合いはない。

そのくせ、選手が入賞すれば自分の手柄のような顔をしている。そんな自分の名誉欲のために、選手を褒めたりなじったりする汚いやり方が気に入らなかった。誰よりも悔しいのは、実際に試合に出ている選手本人なのだ。

腹が立った私は、日の丸の付いたユニフォームを大会ボランティアにやった。ついでに日本代表のブレザーも捨てて帰りたかったが、これは日本に帰国するまで着ておかなければならない規定だったので、東京で解散式が終わった後、帰りの新幹線のゴミ箱に捨てた。

何が日本代表だ。ようは陸連の名誉の横取りではないか。

何より、結果を残せない自分に腹が立っていた。

しかしロス五輪は何も、悪いことばかりではなかった。最高の舞台で、初めて外国人の様子をじっくりと間近で見ることができたのだ。ロサンゼルス五輪は、世界トップの選手を間近で見られる絶好の機会だった。

それまでにも外国人選手は見ていたが、まるでピクニックに来ているようだった。試技中でも平気でおしゃべりしている。

さすがにオリンピックではみな真面目に投げていたが、それだけにこちらも真剣に、彼らのフォームを細かく観察することができた。

そこで思ったのは、やたらと身体だけは大きいが、技術は大雑把でたいしたことはないということだ。恵まれた体躯《たいく》と、パワーに頼って投げていることが間近で見ていてよくわかった。

これは付け入る隙があると、このとき確信した。

外国人に負けないためには、ウェイトで彼ら並みの筋力を付け、技術をとことん追究すれば、まともに闘えるところまでいけるかもしれない。

ウェイトの重要性については大学一年のときに気づいていたが、それも間違いないと確信した。さらにウェイトをして筋力を付け、日本人の特性であるスピードと技術をもっと突き詰めれば、勝負できるところに立てるだろう。

次のソウル五輪に向け、私は新たなトレーニング方法の構築を考えていた。

第二章　確立

セックスの動きもやり投げに応用できないか考えてきた

よく野球の長嶋茂雄《ながしましげお》などが「ダーッと」とか「ここはズバッと」とか、他の選手にはよくわからないアドバイスをしているのをマスコミが面白おかしく取り上げているが、トップ級の選手になればなるほど、感覚とセンスの話になっていく。言葉では表現しにくくなるのだ。

感覚を自分の言葉で表現できるようになったのは、野球のイチロー世代からだろう。特にイチローは、作家の筒井康隆《つついやすたか》も「彼の言葉は文学的だ」と書いていたが、それは感覚の分野を、彼が言葉で表現できているからだと思う。

しかしこの頃の私は、まだそこまでいっていなかった。「ここはダーッと」などと表現していただけに過ぎない。自分がわかっていればそれでいいので、当初は言葉に変換できなかった。

やり投げのトレーニングと技術について語ることは、そのまま私自身を語ることと同じになる。私にはこれまでコーチもいなかったし、師事した人もいない。やり投げこそが、人生の師だったからだ。

やりを握ったことのない人は、話の内容が理解できないと思うかもしれないが、これから話すことは、世界トップでも一部の人間にしか理解できない。全日本レヴェルの選手でも理解できないし、実行するのは難しい。

私はやり投げを始めたときから、正確には大学生になってやり投げのために生きることを決意したときから、日常生活も含め、全てをやり投げに結び付けてきた。箸の上げ下ろしから歩き方まで、極端にいえばセックスしている最中でも、この動きをやり投げに応用できないかと考え続けてきた。

テレビで手のない障害者が、足で器用に目玉焼きを焼いているのを見て、これをやり投げに応用できたら凄《すご》いことになると思って練習したこともある。さすがにこれは無理だったが、足を手と同じように自由自在に動かすことができれば、凄い動きができるはずだ。

「常識」とされてきたトレーニングと技術を一度、バラバラに解体し、一つずつ試しながら再構築した結果は、私の肉体となり、記録となって現れることになる。

ここからはやや専門的なトレーニングの話になるので、次の章にとんでもらって構わない。

トレーニングはウェイトだけ

私のトレーニングは、ウェイト（ウェイト・トレーニング）が一〇〇％で、あとの走・跳のトレーニングは付け足しに過ぎない。投擲《とうてき》練習を入れて、大体一二〇～一四〇％のトレーニングを自分に課した。

この一〇〇％とは、全日本レヴェルの選手の三倍以上の質と量がある。例えば一二時間ぶっとおしでトレーニングした後、二、三時間休んで、さらに一二時間練習することもあった。これだけやってようやく人間は、初めて限界に達する。

ただしこれは全て、ウェイトだけの時間である。そこにプラスして、走・跳と、投げの練習が入る。これで一二〇～一四〇％の練習になる。つまり体力的限界を超えているわけだが、そこは精神、俗にいう「根性」でカバーする。

人間というのは、肉体の限界を超えたところに、本当の限界がある。いわゆる「火事場の馬鹿力」というやつで、毎日、その「火事場の馬鹿力」を無理やり出せば良いだけのことだ。「火事で焼け死ぬ」と思ってやれば、できないことはない。死ぬ気でやれば人間というのは大体、何でもやれるものだ。

どう考えても無理な話だ。しかし、日本人がやり投げで欧米人とまともに闘おうと思うこと自体が土台、無理な話なのだ。

投擲競技は陸上男子の場合、砲丸（七・二六〇kg）、ハンマー（同）、円盤（二kg）、やり投げ（八〇〇g）の四種目があるのだが、これらの競技はもともと、ヨーロッパにおける「力比べ」をルーツにもつ。だから大きな体格と力があれば、それなりの記録が出る。

そして投げる物体の重量が重くなればなるほど、技術よりもパワー勝負になってくる。これは欧米人がもっとも得意としているので、今でも上記三種目（砲丸、ハンマー、円盤投げ）で上位に立っているのは、欧米系が多い。

これにはパワーはもちろんだが、文化や歴史的な経緯もある。ミュロンが彫刻した「円盤投げ」像は有名だが、これは紀元前四八〇年頃に作られたものだ。つまりその頃にはすでに、ヨーロッパに投擲競技が確立されていたことになる。

やり投げが投擲競技である以上、実際はパワー勝負になることに変わりはない。しかしやり投げは四種目中、もっとも軽いからこそ、逆に日本人が付け入る隙がある。

筋肉量を限界まで増やす

まず身長が高いことで有利なのは、投射高（やりを離す位置）も関係あるが、主にはそれに見合った体重、つまり筋肉量を付けられることにある。だから身長のある選手の方が、より筋肉を付けることができるのだ。

最近よく使われるＢＭＩ（肥満度指数）にしても、公式としては、

「体重÷身長÷身長＝ＢＭＩ指数」

となるように、身長が大きな要素となっている。

いわゆる標準体重の求め方にしても、

「身長の二乗×二二」

だから、いかに体重が身長の影響を受けているかがわかる。

さらに身長が高いということは、手足も長いということになるので、テコの原理からも有利になる。

身長一八〇㎝の私の場合、付けられる純粋な筋肉量の限界は大体、骨も入れて八五㎏くらいだろう。これは体脂肪抜きの計算だ。理屈としては、筋肉は太ければ太いほど筋力が

理想となる。

強くなる。しかし助走できるやり投げではスピードも重要になるので、細くて強い筋肉が

とりあえず筋力をつけられる量は、身長によって大きく左右される。だからもっともパワーを必要とされる砲丸投げ、ハンマー投げには巨人が多い。拳銃《けんじゅう》よりもライフル、ライフルよりも大砲やミサイルの方が飛距離が出るのと同じ理屈だ。

これはやり投げに限らない。瞬発系の種目は総じて同じだ。

例えば一〇〇mの世界記録保持者、ウサイン・ボルトは身長一九六cm、体重九四kgだが、これは短距離選手としては超人的な筋肉量だ。詳しい体脂肪率はわからないが、身体を見ればほとんど脂肪がないことは、素人目でもわかる。

身長一八〇cmの選手だと、せいぜい八五kgくらいの体重しか筋肉を付けられない。身長一八〇cmで九四kgの筋肉を付けることは、クリーン（薬物なし）な体では、生理学的に不可能だ。

つまりボルトがこれだけの体重、つまり筋肉量を付けられるのは、身長が一九六cmもあるからなのだ。

しかし人間の体というのは面白いもので、身長が高く、手足が長いと動作が鈍くなる。これは当たり前の話で、長いものを先だけ持って挙げるには、それだけのパワー（筋力×スピード）と強い腱《けん》、骨格が要るからだ。しかし逆にいうと身長に合ったパワーを持っていれば、それは素晴らしい動きとなる。

短距離では、往年の名選手にカール・ルイスがいるが、彼がもっとウェイトをやって筋肉を付けていれば、さらに記録は伸びたのではないかと私は思っている。何も物を持たない短距離選手でさえそうなのだから、砲丸や円盤、ハンマー、やりを持って投げる投擲選手は全て、パワーが最優先課題となる。

ただし、やり投げには、他の三種目と決定的に違う点がある。

それは助走ができることだ。

これによってパワーだけでなく、スピードも使えるし、他種目と比べて技術が高度になる。この点こそ日本人が付け入る隙ということになる。

しかし投擲競技は全般的にパワーの大きな方が圧倒的に有利なのだから、とにかく持っている身長でパワーを付けるしかない。

だから私のような身体的に不利な日本人にとって最優先なのは、パワー、つまり筋肉量を限界まで増やすことである。そのため、どうしてもウェイト中心のトレーニングになる。

さらにパワーを付けることによって、それに合った高度な技術を身につけることもできる。

とにかく日本人で投擲をやる選手は、何をおいても最初にウェイトをしなくてはならない。

ウェイトで神経回路を開発する

このウェイトも、ただやれば良いのではない。

なにしろ相手は巨人で、信じられないほどの筋肉量を誇っているのだ。日本人が「ウェイトで一〇〇%の限界を目指す」のが最低条件だというのは、このためだ。

特にやり投げは外国人でも日本人でも、練習でそう本数が投げられない。肘《ひじ》や肩にかかる負担が他種目よりも大きいからだ。冬期では一日二〇本くらいが限界だろう。全く投げない日も多い。

そのためウェイトも、「やり投げのためのウェイト」をおこなわなくてはならない。逆にウェイト自体が「やり投げの技術練習」になっていれば、冬期にそう投げ込まなくても良い。

自宅や遠征先のホテル、ラーメン屋やマクドナルドなど、どんなところでもアイデアを思いつくと、実際に京都産業大学のグラウンドの隅にあるウェイト場に戻って試した。

私にとってウェイトは、繊細にして最大の注意を払うべきトレーニングだ。ここでウェイトの話をすることは、私自身を説明することに他ならない。

ウェイトこそ、私の哲学の実践だといっても過言ではない。

ウェイトをすると「身体が硬くなる」、または「重くなる」という人がいる。

しかし、私から言わせると、それはウェイトを「単に筋肉を付ける」という目的でやっているからだ。短距離なら「速く走るためのウェイト」をしなくてはならない。これをしていないから、体が重く感じるのだ。

では、その種目に合ったウェイトとは一体、どういうことなのか。

一言でいえば、ウェイトは筋肉を付けると同時に、神経回路の開発トレーニングでなければならない。筋肉を動かすのは、筋肉ではない。脳からつながっている神経が動かすのだ。

この神経がつながっていないと、せっかく付けた筋肉が使えない。結果、体が重く感じてしまう。物理的にも重くなっているのだからそう感じて当然だ。

また日本人にとって欧米人並みの筋肉を付けるというのは体質的、精神的、文化的、歴史的に不自然なのだ。

人間というものは大抵、不自然な方向にはいかないものだ。感覚的に拒絶してしまうのである。だから日本の陸上選手は、筋肉を付けることを恐れる傾向にある。

欧米で始まった種目は、当然、彼らの体に合った種目、スポーツだ。大きな筋肉をもった彼らにとって自然で、得意な種目だったから、オリンピックにまで発展していったのである。逆に日本人にとって投擲という種目は、最初から不自然なものだ。

まさにウェイトがそうだ。ウェイトをすると体が重くなるだけというのは、日本人にとってその方がごく自然だからだ。

だからまず、この日本陸上界の〝常識〟を疑い、日本人にとって不自然な練習をすることこそ、外国人選手に対抗する唯一の手段となる。

不自然といえば、もともとやり投げ自体、不自然な種目ではないか。獲物や標的を狙うでもなく、ただ遠くへ投げるのを競うだけなのだ。

実践方法

具体的には、おおよそ三〇のウェイト種目を一週間で二回まわすことにした。これで大抵の部位は鍛えられる。

ウェイト種目については適当に、その辺りにある本屋で見つけてきたトレーニング本を参考にした。ただし本はあくまで参考であり、その一つ一つについて、どの神経につながっているのか、繰り返し試して「ウェイトのための練習」を考案する必要がある。やり投げに直結するよう改良し、自分のものとしてこそ、その種目がやり投げのためのトレーニングとなる。

またウェイトといっても、シャフト（バーベルの棒）を使うバーベルと、ダンベルがあるが、私はバーベルしか使わない。バーベルは関節をキメることができるが、ダンベルだと筋肉そのものに効いてしまうからだ。ダンベルでは神経回路のトレーニングにならない。

そして基本的にフリーウェイトでおこなう。マシンを使うと動きが制限されるからだ。神経回路の開発ができた後なら、マシンを使っても意識できるので大丈夫だが、基本的にはフリーウェイトでやるべきだと考えている。

一般的なウェイト種目について、私は一つ一つ検証して確立していくことになる。

ベンチプレスは全身運動

ベンチプレス一つとっても、胸と平行に挙げる通常のベンチプレスの他に、インクライン（上向き）、デクライン（下向き）の三種類があり、これにシャフトを持つグリップ（握り）幅を変えるやり方がある。グリップ幅を広くとれば大胸筋に効くし、狭くとれば腕にくる。

さらに腰を使って高重量を挙げる方法や、足の着く位置を変えるだけでもまったく違うベンチになる。

ベンチは通常、大胸筋を鍛えるものと捉《とら》えられているが、こんなのはべつに意識しなくても大胸筋に効く。

だから全身運動であるやり投げに応用するために、ベンチをやるときは特に背中、手のグリップ、さらに足先まで意識しておこなわなければならない。こうすることで手先から足先までの末端同士がつながり、初めてベンチが全身運動となる。

ベンチをするときの足は、床に着けてすることもあるが、私の場合はベンチ台の下に足を巻き込んでおこなう。こうすることで腰部を固定できるからだ。つまり腰を突き上げる反動を使ってしまうのを抑えることができる。

ベンチという種目は、かなり高重量を使える。だから最初は多くの人がやるように両足を地面に着け、腰の反動を使ってやっていた。しかしこの背中と足先まで意識する技術を自分のものにしてからは、腰の反動を使わないよう、足をベンチ台の下に巻き込んでやるようになった。足先だけは必ず床に着ける。

そしてベンチ台に肩関節を押し当てて、固定する。

私はこれを「肩を入れる」、「肩をキメる」と表現しているが、こうすることで、高重量のバーベルを持っても肩がグラグラしない。

そして必ず、首がベンチ台から上がるくらいアゴをしめる。全ての動きで、アゴを上げておこなうことはない。やりを投げるときも、アゴが上がっていると力が出ない。だからベンチでも強くアゴをしめておこなう。

グリップとグリップの間は、ワイド（広く）にとる。ベンチのグリップ間は、広くなればなるほど大胸筋にくるのは当然だが、こうすることで背中も使いやすくなる。だからベンチをやると、意識の方向によっては、背中が筋肉痛になることもある。

さらにグリップについては、しっかりと強く握る。それを意識するため、親指を巻き込んで握るのも良い。こうすることで前腕と指先にも神経がつながり、神経回路の発達トレーニングとなり得る。

私のウェイトは全て、手先と足先の末端を強く意識することが共通している。ベンチも、意識することで背中や末端のトレーニングになるのだ。

物体を手にする投擲競技は全て、この手首から指先までの末端が強くないと投げられない。

よく高校生や大学生などに「下半身で投げろ」などと言う指導者がいるが、それは外国人か、私くらいのレヴェルになってから使う言葉だ。初心者こそ、上半身を鍛えなければならない。外国人はこの末端、例えば握力が初めから極めて強い。だから日本人の場合、まずこの末端を意識して鍛えることが重要だ。

また顔の向き、つまりどこを見ているかでも効くところが変わる。ベンチの場合は左上を見てやると、左手に意識がくる。右上は右手だ。そして左下を見てやると左足、右下だと右足に意識がくる。だからその時々で、目的を変えるために顔の向きも変えておこなう。

このフォームができたら（ここまでわかるのに数カ月かかったが）、低重量・高回数で六段階に分けておこなった後、ラストはMAX重量、つまり一回しか挙げられない重量でおこなう。ピラミッド型式というやつだ。

私のベンチのMAXは一九七・五kgだが、これは背中と首、グリップ、足先に力を入れて神経をいきとどかせ、低重量・高回数で六段階を終えた上でのMAXだ。純粋にベンチをするだけなら、二〇〇kg以上は挙げられただろう。

しかし、目標は「ベンチでMAXを出すこと」ではない。あくまでやり投げに応用できるテクニックを使ったベンチのMAXが重要なのだ。

ベンチは、胸はもちろん手先から肩、首、背中と、上半身のほぼ全ての筋肉に作用する種目だから、基本的に毎日おこなう。

冬期のオフシーズンには、集中的に鍛えるため、ベンチ一種目だけで一日を終えたこともある。時間にして八時間くらい、ぶっ続けでベンチのみやるのだ。これは非常にハードで、練習は基本的に京産大の学生と一緒にすることが多かったのだが、学生たちはほとんど皆、倒れてしまう。

一日をベンチだけで終えると、ようやく大胸筋は心身ともに限界に達する。

仕上げとして背中をさらに追い込むために、鉄棒で懸垂をおこなう。ベンチで胸を追い込んだのだから、拮抗筋群《きっこうきん》である背中も軽くやっておく必要があるためだ。拮抗筋とは胸と背中、上腕二頭筋（力こぶ）と三頭筋（その裏の筋肉）のように、鍛える部位とは逆に付いている筋肉のことだ。この仕上げはあくまで付け足しであり、トレーニングには数えない。

とはいえ懸垂も、もちろんMAXでおこなう。トレーニングは常にMAX、つまり限界になるまでやらなければ意味がない。

何が限界なのかは、もちろん人によって違う。わかりやすくたとえると、他の選手の三倍から五倍以上の質と量をやって、初めて限界が見えてくると私は考えている。

懸垂のMAXとは「できる限り回数をやる」ことになる。例えば懸垂を一五回できるのなら、それをできなくなるまで何セットでもやり続ける。間に休憩を入れても良いが、五分以上、休むことはあまりない。初めは反動なしでの懸垂だ。

この懸垂ができなくなって初めて、反動を使っても良い。それでもできなくなったら、足を地面に着けて斜め懸垂をやる。

ここまでくると指先に力が入らなくなり、鉄棒を握ることすらできなくなっている。ベンチをやっている時から、シャフトを強く握っているからだ。

しかしここで止めては、一〇〇%とはいえない。

そこで今度は、紐《ひも》で手を鉄棒に括《くく》りつけて、さらに懸垂をおこなう。さすがに学生たちは本当に泣いていたが、ここまでやらないと、外国人のパワーと対等には闘えないのだから、無理は承知の上だ。

スクワットは上半身を意識する

ベンチプレスは、誰でもただ挙げるだけで大胸筋に効くから、背中とグリップ、足先に注意した。

スクワットも原理は同じで、意識するのは上半身である。

まずシャフトを、肩でなく首の後ろに置く。これは通常よりも上に位置しているため、高重量だと首が痛いが、こうしないと肩が動かせない。

それから肩を上げて、背中の上部をキメる。「肩を上げる」と言ったが、上にではなく、後方に引く感じで上げる。ただし僧帽筋（肩から首にかけての筋肉）は使わない。肩甲骨の間にある筋肉を意識する。必ず手のグリップは力を入れて握る。これもまた、やりを担いで助走するときの上半身のトレーニングになる。

やり投げの助走は、上半身と下半身が別々に動いている。上半身はやりを担いで固定されているが、下半身は全力疾走しているのだ。だから上半身、下半身が別々に動くよう意識するトレーニングが必要となるので、スクワットでもそれを意識する。

そこまでできたら、スクワットを始める。

足は自然に外向きにして、ヒザを前に出してしゃがむ。普通、スクワットのときはつま先よりヒザが前に出ないように注意するコーチや教則本があるが、それは無視していい。

そしてガッと、ヒザを締めながら挙げる。

やり投げではフィニッシュ時の「ため」のときは大腿筋《だいたいきん》の外側を使うが、蹴《け》るときは内側を使うからだ。またこうすることでつま先、つまり拇指球《ぼしきゅう》（親指の付け根のふくらんだ部分）に自然に重心がのる。

この姿勢でフル・スクワット、つまりもっとも下までしゃがむスクワットをする。

ベンチプレスでも何でもそうだが、全てのウェイトは関節の全可動域を使っておこなう。つまり、これ以上は関節が動かないところまでおこなう。そうでないと意味がない。これはやってみると非常にキツイが、だからこそ効果がある。ハーフ・スクワットは意味がない。スクワットでは、実は肩関節の動きが特に重要なのだが、これは私以外、全ての選手ができなかった。

恐らく「スクワットは足のトレーニングだ」という常識が、意識の邪魔をしているのと、肩関節の使い方、神経回路ができていないからだ。しかし、この意識ができて初めて、スクワットが手先からつま先までの全身運動となり、やり投げに応用できる。

またこのときもアゴはしめる。決して上げてはならない。私の動きの中で、アゴを上げるというシーンは一度もない。

このフォームでの私のMAXは、二三〇kg。ただ挙げるだけなら、三〇〇kgちかくは挙げられるだろう。

スクワットもベンチプレス同様、基本となる種目なので、冬期はこれだけで一日が終わることもある。このときはMAXの八〇%（約二〇〇kg）を一〇回×三〇セットをおこなった。

総重量六〇トンで、午後から始めても夜一〇時頃までかかる。MAXの八〇%とは、だいたい一〇回できるのが限界という重量だが、これを三〇セットやるところに、このトレーニングの過酷さがある。

これはスクワットをとことん突き詰めようと思った日におこなったのだが、私はあまり事前に、細かくトレーニング・メニューを組まない。だいたいその日の朝に「今日はこうしよう」と、自分の体の変化を見ながら考える。

これでもウェイトの一日の総重量としては少ない方で、一日一〇〇トンを超えることも少なくない。

手首のトレーニングにもなるデッドリフト

足先は自然に外向きで良いが、足と足の間のスタンスは狭くとる。通常は肩幅か、それより広くとるように指導されるが、これもまた無視していい。

足幅を狭くするのは、この方が一点に集中しやすいからだ。ちょうどやり投げのクロス・ステップのときの形になる。つまりガニ股《また》気味にしゃがむことになる。

またグリップは左右、順手と逆手で握り、セット間にこれを交互に替える。同時に手首もグッと曲げて握る。デッドリフトは手首のトレーニングにもなる。さらに足の指はギュッと嚙《か》む感じでしめる。これで末端と末端がつながる。

腰はもちろん、曲がったままで良い。

普通は背中を曲げず、反るようにアーチをつくれと指導されるが、アーチをつくると背中から腰が固定されてしまい、動きが制限されてしまうので良くない。

腰を曲げたり、足のスタンスを狭くとる私のフォームは、腰やヒザを痛めるという人がいるが、それは腰から背中にかけてのアーチの問題ではなく、末端と末端とがつながっていないから故障するのだ。手先とつま先がつながっていれば、腰は痛めない。一般的なフォームでも、痛めるときは大抵、この末端と末端がつながっていないときだ。

まだコツがある。

ここでさらに広背筋を意識するのだ。

しかし、これが全日本レヴェルの選手でもできない。集中すべきところが多すぎ、意識があちこちに分散しているように感じるためだ。反復することで身につけていくが、かなり練習が必要だ。つまり「デッドリフトのための練習」が要る。どうしてもできない人は、小指から中指までの三本、または二本でシャフトを持ち、ワキを締めて挙げると意識できるようになる。

この姿勢での私のデッドリフトMAXは、二六五kg。体重の三倍にあたる。しかしこれとても、全てのセットが終わった後のMAXでしかない。背筋だけなら四一〇kgをマークしたことがある。

「投げる前はリラックスしろ」は誤解

一九八四年のロス五輪が終わった後、私は次のソウルを自分のやり投げの集大成にすべく、ウェイトの技術と、やり投げの技術について取り組んだ。

まず全ての種目に通底しているのは、グリップと足先だ。

これを意識することで、全ての種目が全身の神経回路の開発と発達につながる。たとえれば、体の隅から隅まで電流が走っているような感覚だ。

簡単にいうと、耳や大胸筋を動かせる人がいるが、それは耳や大胸筋に神経回路ができているから可能なのだ。早い話がこれを全身の隅々にまで行きわたらせ、やり投げに応用していけば良い。

やり投げのためのウェイトで特に重要なのは、シャフトを握るときのグリップだ。これは日本人が、握力も含めた末端が弱いためだ。

グリップは通常、手の平の指の付け根に置いて握ることが多いが、これではやり投げに応用できない。さらに下、親指の付け根まで深く握る必要がある。

この深い位置で握ることにより、やがて指の根元が盛り上がり、ここでシャフトが引っ掛かる感覚になる。そうすると自然に手首が手前に曲がるのでかなりキツイが、手首やグリップが鍛えられる。こうして握るからこそ、やりを実際に握っている手先が生きてくる。つまり意識できるようになる。

だから手の平の小さい人は不利ということになるが、そういう人は細いシャフトを使うと良い。私は手だけは大きかったので、太いシャフトでおこなっていた。

ウエイトは全て、このグリップを常に意識することが重要で、こうしてウエイトすると、外国人の感覚がわかるようになる。

これでデッドリフトをおこなうと、手首を巻いた状態で挙げているような意識になる。かなりの高重量を扱っているので、実際に横で見ている人には、手首が伸びているように見える。しかし本人は、深く握って手首を曲げている意識でいるのだ。

この意識が大切で、これを何年も続けていると、その方が自然になる。末端への意識は完成し、もはや意識しなくとも自然とそうなる。ここまできて初めて、「リラックス」ができるようになる。

「投げる前はリラックスしろ」というのは全くの誤解だ。これは全ての競技に通じることだと思う。

真のリラックスとは、「力は入っているのだが、自分では意識していない状態」のことを指す。

例えばロック・クライミングをしている人は、指先がぐっと曲がったまま壁にぶら下がっているが、本人はそれを意識していない。しかし、実際には力が入っていないと滑落してしまうから、力は入っているのだ。

「実際は力を入れた状態だが、力が入っていないように感じる」

これが本当のリラックスだ。よほど強力な筋力がないとできない。

外国人のリラックスとは、まさにこのことなのだ。それを末端が弱い日本人が真似するから、おかしなことになる。

これを踏まえて、やり投げはフッと力を抜いた状態（実際は力が入っているのだが）から、ガンッと投げる方が飛ぶ。ウェイトリフティングの選手がクリーン＆ジャークをするとき、ガッと持ち挙げてフッと力を抜く（実際は力が入っているのだが）ように担ぎあげる感じと同じだ。

このときのパワーは人体に異常な負荷が掛かるため、普通の人間は本能的にストップが掛かってこれができない。

例えば前に倒れるとき、人は手をつかないで倒れることができない。しかし、練習すればできるようになる。ウェイトも同じで、トレーニングによって、脳にある「無意識下の意識」をつかむのだ。

ロス五輪までは、私も一般的に言われる「力を抜いたリラックス」をしていた。投げる瞬間まで、手先がブラブラしていた。

しかし実際に国際試合に出て、外国人選手を間近で見たとき、それが間違っていることに気がついた。それからはグリップに細心の注意を払うようになった。さらに手首を固めることができるようになると、そのまま背筋まで効かせることができることもわかった。


またMAXというのは通常、一回だけ挙上できる重量のことだが、限界回数でも構わない。結果的に、合計重量は同じになるからだ。しかし効率が良いのは重い重量だし、この方が効果的なので、基本的には高重量でおこなうことになる。本当に辛《つら》いのは「高重量を速くやる」ことだ。

投擲競技は全て、骨で投げる。これは「関節で投げる」と捉えがちだが、それとも違う。例えば小さなシーソーの片方に物体を載せると、もう一方を強く押すだけで物体は飛んでいく。この「シーソーの板」が骨であり、シーソーの中心にある支点が関節である。つまりテコの原理を応用しようと思えば、「骨で投げる」ことになるのだ。

だからバーベルだとカチッと骨にキマる。この感覚と意識が重要なので、基本的にフリーウェイトのバーベルしか使わないのだ。

ウェイトの構成については大体、次のように絞っておこなった。

○上半身

・ベンチプレス＝通常のベンチの他に、やや上向きに挙上するインクライン、逆に下向きに挙上するデクライン。
　ベンチは一日、最高で一〇〇トンやるが、この時はさすがにMAX重量には挑戦しない。力を使い果たしてアドレナリンが出ないからだ。その代わりエンドレス地獄になるので、最後はさすがにベンチに寝るのも嫌になるくらいやる。
・フロントプレス＝肩から上へバーベルを挙げる。
・バックプレス
　通常は肩を痛めるという理由から、肘が九〇度になった位置より下げてはならないとされているが、このような常識は無視して良い。「逆もまた真なり」という言葉は本当であり、全可動域をつかって上下動を繰り返す。つまり肩よりも下げておこなう。バックプレス（首の後ろ）では肩甲骨の位置まで深く下げることで、肩甲骨の動きを意識することができるようになる。フロントをバックにするだけでも全く違う感覚になるから、プレス系種目と一言でいっても、グリップ幅を変えたりと、さまざまな種類のものをおこなう。
・ベントオーバーローイング＝かがみこんだ状態から、腕だけでバーベルを体に引き寄せるように挙げ下げする。

・ラテラルレイズ＝ベンチ台に仰向けになり、プレートを持った腕を伸ばしたまま左右に開く。

・サイドレイズ＝その逆。

・プルオーバー＝ベンチ台に仰向けになり、グリップを狭く握ったまま頭の後ろから胸まで持ってくる。

プルオーバー系はやり投げでは重要な種目なので、その他にストレートアームプルオーバー（同じ姿勢で腕を伸ばしたままおこなう）など、数種目を組み合わせる。手首と肘をガチガチに固めておこない、最終的には三角筋だけで（大胸筋も動かさない）腕を動かせるようにする。これができると、やりが飛ぶ。やり投げでもっとも重要な意識だといえる。

・フロントレイズ＝腕を伸ばしたまま、持ったバーベルを前に挙げる。

・バックレイズ＝約六〇～九〇度、前かがみになった状態で、バーベルを持った腕を伸ばしたまま挙げる。

・カール＝肘を支点にして、バーベルを挙げる。
・リバースカール＝順手のカール。
・リストカール＝手首のカール。
・リバースリストカール＝順手。
リストカールは、指の動きと肩甲骨の動きを意識する。これが連動していなければならない。

○下半身

・スクワット
・サイドスクワット
・スクワットジャンプ
・フライングスプリット＝バーベルを担いでジャンプし、足を前後に開いて着地。これを交互にする。

・デッドリフト＝グリップはワイドとナロウ。ヒザ上からのハーフでおこなうこともある。

・グッドモーニング＝バーベルを肩に担いでお辞儀する。

・レッグカール＝ヒザを支点にしてスタンディングの姿勢で挙げる。

・カーフレイズ＝バーベルを担いだまま、カカトを浮かせる。よりふくらはぎをストレッチするため、段差を使うこともある。

・トウレイズ＝足先を上に挙げる。ふくらはぎと逆の前脛骨筋《ぜんけいこつきん》に効く。

スクワットのときは、ジャンプするつもりで爆発的におこなう。

また右ヒザを痛めていたら、逆の左ヒザにサポーターを巻く。痛めた右ヒザはあまり下がらなくなるので、逆に動ける左ヒザに負荷が掛かって、左ヒザも痛めることになる。そのため左ヒザにサポーターを巻くと、右ヒザと同じく動きが制限された状態になるので、体が傾いたりしない。問題は痛みではなく、あくまで動作が不均衡になることであり、これはその解決策だ。痛みは問題ではない。肘も同様だ。またスクワットとベンチプレスの差は、二〇kgくらいにした方が良い。

○**体幹**

・シットアップ各種＝腹筋をあらゆる方法、角度でおこなう。

・ツイスト＝バーベルを肩に担いで、左右に思い切り振る。

○**全身系**

・スナッチ

・クリーン

・クリーン＆ジャーク

全身系では、一気にバーベルを地面から頭上に持ち挙げるスナッチが、やり投げではもっとも重要な種目となる。バランス、テクニック、パワーを同時に養うことができるからだ。一般的なリラックスなどせず、力まかせでガンッと挙げて構わない。力挙げすると前腕から肩までに負荷が掛かり、同時に鍛えることができるからだ。
またこのときスプリット(足を前後に開く)スタイルはとらない。これでは高重量が使えないからだ。またリフティングベルトを使うこともあるが、動きが制限されるので軽く巻く程度にして、きつくは締めない。

順序としては、基本的に先に全身系をやってから各部位に移る。種目はその日の直感、つまり体と相談して「今日は下半身をやろう」などと決める。あまり計画的には決めない。毎日、限界に挑戦しているので、そもそも事前に決めることができないのだ。

その後は補強などに移るが、ウェイトで一〇〇%の体力、気力を使い果たした後におこなう。

○補強系

・プッシュアップ=手幅の狭い腕立て伏せなどを四種類。

・逆立ち腕立て

・タイガーベンド=逆立ちの状態で手幅を狭くし、肘を床に着くまで曲げて伸ばす。

・懸垂

・ブリッジ＝通常のブリッジの体勢から、足を挙げて逆立ちになり、逆方向に着地。

・鉄棒＝逆上がり、蹴上がり、小振り。

補強系が必要なのは、自分の体を思うがままに使えるようにするためだ。例えば「逆立ち歩き三〇m」などもあるが、これができると、自分の体をコントロールできている一つの目安になる。

○跳躍

・立ち幅跳び

・大跳躍五段＝完全にしゃがんだ姿勢から、手の反動を使って両足でカエルのように前へ跳ぶ。腕を後ろで組んでおこなうこともある。

・立ち五段＝三段跳びのように、足を左右交互にして五歩跳ぶ。

・片足五段＝片足で五歩跳ぶ。三段のときもある。
・助走立ち五段
・バック跳び＝両足、左右交互の二種類。ともに五歩くらい。
・三〇mバウンディング＝両足と左右交互の二種類がある。
・ハードルジャンプ＝一・〇六七mのハイハードルを両足で数台、跳び越える。
・連続ジャンプ＝その場で、つま先立ちによる垂直跳び。
・ハードル走＝女子用八四㎝ハードルで一〇〇m。またはハードル間を一歩で。
・坂道バウンディング＝二〇mくらいを両足、左右交互でおこなう。

〇走

・八〇〜一〇〇mの加速走＝やりを投げた後に四〜五本やる。

・四〇〇m＝五五秒以内など、タイムを決めて数本。

・三〇mダッシュ

・五〇mダッシュ

・変形ダッシュ＝うつ伏せなど、変則的な状態から二〇〜三〇mのダッシュ。

・坂道ダッシュ

・ローラー引き＝前向きに持って、一〇〇mタイムトライアル。

どのような練習でもそうだが、静止状態から始めることはない。だからスターティングブロックも使わない。これはやり投げが静止状態から始まるわけではないからだ。また投擲種目ではガンッという動きは実は少ない。最終局面、つまり投げのとき以外はないので、助走のあるやり投げでは、投げまでの一連の流れをつかむために加速走も効果がある。

また走練習のときは必ずやり投げ用のスパイクを履く。

砂場走はやらないが、それは私が細かい筋肉を使って走ることができるからだ。逆に大きな筋肉で走れる人は、砂の不安定さから細かい筋肉が使える＝意識できるようになるので、砂場走も効果があるかもしれない。

○その他

・鉄球投げ＝二・七〜七・二六kg。

・プレート投げ＝一〇〜二〇kg。

鉄球・プレートそれぞれをフロント、バック、片手オーバースロー（鉄球のみ・左右）、両手オーバースロー（鉄球のみ）、サイドスローで。

・鉄球を持っての助走〜クロス・ステップ〜投げ

私のベスト記録　二・七二kg＝四二m、四kg＝三四m、七・二四kg＝一七m。

やりを投げるときも、まずウェイトをやってから投げる。そうでないと、やりの重さを感じることができないからだ。ウェイトをしないで投げると、重さを感じるまで何十本も投げなければならなくなり、故障につながる。

また、肘を痛めたときによく「チューブ引きをやると良い」というが、これもデタラメだ。私も学生のときに「チューブ引きはやればやるほど良い」と勧められたので、一日中やったら肘を痛めた。世の中の常識というのは、ただの非常識だと思った方が良い。もしチューブ引きをやりたいなら、故障する前からやらなくてはいけない。

野球選手のように軽いボールを投げる場合、インナーマッスル（深部にある筋肉）を鍛えるためにチューブ引きも有効かもしれないが、やり投げと野球は、技術的にも体力的にも違いすぎるので比べてはいけない。やり投げにとって、チューブ引きはあまり役には立たない。以前、高野連（日本高等学校野球連盟）の関係者から「やりは投げるだけやろ」と言われたことがあるが、彼は何もわかっていない。

またウェイトといっても、やり投げはスピードも重要なので、いたずらに筋肥大は目指さない。細い筋肉で高重量を挙げられるようにする。

頭に余白をつくる

ウェイトを突き詰める冬期シーズンは、体重を九六kgまで増やしたことがある。これは体重のある方が高重量を挙げられるからだ。しかしシーズンに入ると、八八kgくらいに絞る。体脂肪率は約五%で、これくらいに絞るとかなりスピードが出るようになる。また体幹が動かなくなるので、満腹状態では練習しない。満腹だと体幹がどっしりとして、動きが制限されてしまうからだ。

このトレーニング内容で、二四時間トレーニングに挑戦したこともあったが、さすがにこれは無理だった。

それで二年くらい試行錯誤して、週一くらいの休みをとった方が良いと確認した。毎日、限界に挑んでいるので、週一日くらい休まないとトレーニングの質と量が下がってしまうとわかったのだ。こうしたことも自分で一つ一つ、確認していく。もちろん毎日できる人は、毎日した方が良い。

休みの日は、大体パチンコをしていた。一度当たると大きいスロットをよくやっていたが、これは体を動かさないし、やり投げのことを考えずにすむ唯一の時間だった。しかし勝負事だから、闘争心だけは忘れないのも良い。

身体的に休みをつくる理由は、実は頭（精神・思考）も時々、余白や空白をつくってやる必要があるからだ。毎日毎日、一つのことで頭を一杯にしていると、壁などに出会《でくわ》したとき立ち行かなくなり、思考の柔軟性が失われることがある。

将棋の棋士は毎日、どのような場所でも棋譜のことが頭にあるが、名人は、わざと頭の中に少しだけ空白をつくってやるようにしている。また「フェルマーの最終定理」を証明し、「数学のノーベル賞」といわれるフィールズ賞特別賞を一九九八年に受賞したイギリスのアンドリュー・ワイルズも、「時々、何も考えない日をつくった方がより思考が進む」と言っている。

ただ、私はあくまで「どの世界も同じだ」という意味でわかりやすい例を出しただけで、実際には自分の考えでそうしていた。誰かがそう言っていたからとか、そんな理由で自分の行動を決めたことは一度もない。

誰かが言ったことや、陸上界で常識と言われていることは、「本当か?」と、必ず疑問に思うようにして、自分で実践して納得するまで取り入れなかった。その結果わかったことは、「常識と言われていることのほとんどはデタラメだ」ということだった。

やり投げを極めるのに、近道などない。

酒、タバコ、女

またトレーニングが終わると、よく後輩たちと呑《の》みにも出かけた。呑み屋ではナンパもするし、水商売の女ともよく付き合った。

呑み屋でのナンパなどは、狩猟をしていたというか、あれはベッドに持ちこむまでが面白い。人間の機微がわからないと成功しないから、その研究にもなるので一石二鳥だ。

だからナンパに成功してベッドまで連れてきても、毎日限界までトレーニングしているので、セックスの途中で寝てしまったこともある。このとき女はかなり怒っていたが、事情を説明するのも面倒なので、私はただ苦笑いするしかなかった。

この頃にあった日本選手権の前夜、私はナンパに成功して朝方まで女といたが、さすがに翌日は二日酔いと、いつもと違う動きをしたので疲れていた。それでも八〇m台を投げて優勝したが、これは何か不意のことが試合前に起こっても、対処できるようにと考えて、意図的にしていたことだ。

こんなことは誰にも理解してもらえないが、私のやり投げやそのトレーニング自体、誰にも理解してもらえないので、他人からどうこう言われようが、全く気にしない。

私は学生のとき以来、やり投げをやめるまでは恋愛も結婚もしないと決めていたので、特定の女がいても、決して感情移入しないように気をつけていた。水商売の女は生理的に苦手で、付き合っても本気にならなくてすむのでよく遊んだ。今なら「職業差別だ」と言われるかもしれないが、確かに私は女を差別していた。これは意識的にやっていたので、非難されても仕方がない。女にとっては迷惑な話だっただろうが。私がやり投げのためなら死んでもいいと思っていることを相手は知らないし、私も言ったことはない。男は自分の決めたこと、していることを、ベラベラと話すものではない。「昔堅気だ」と言われれば、そうなのかもしれない。

毎晩のように呑んでいたことを、非難されたことはある。国際試合のときも、終わった後は後輩を連れて呑みに出るので、同室の先輩、吉田雅美から締め出されたことは、陸上界でも有名な話となってしまった。

しかし、これにも私なりの流儀がある。その日の限界まで達し、自分なりに満足した試合、練習ができたときだけ呑んでも良いのだ。中途半端な練習しかできなかった日は、罰として自宅謹慎だ。これも誰も知らないし、私もべつに言おうとは思わなかった。もうこまできたら意地の張り合いだ。「絶対に言うまい」とすら思っていた。

タバコも一日二箱は吸っていた。タバコはリラックスするために吸うので、試合の前には必ず二、三本は吸っていた。

代々木《よよぎ》の国立競技場でも、できるだけ目立たないように外に出て隅で吸っていたつもりだったが、見つかって「ミゾグチはタバコを吸っている」と非難されたこともある。これもまた、言いたい奴には勝手に言わせておけばいいと放っておいた。

タバコを吸うと持久力が落ちるというが、タバコは体を酸欠状態にするので、体にはトレーニングしているような負荷がかかるから事実は逆だ。タバコを吸うと階段が苦しくなるというのは、単にトレーニングしていない体を酸欠状態にしているからだ。

また「タバコは健康に悪い」と言う人がいるが、どう考えてもやり投げの方が体に悪い。一生健康でいたいのなら、やり投げをやめた方がよほど健康的だ。練習中は集中が途切れるので吸わないが、試合前の一服は不可欠だ。

陸上関係者やマスコミは、こうした私のことを「無頼」とか「規格外だ」とか言っていたが、やり投げ以外のことを、私の事情を知らない他人にとやかく言われる筋合いはない。逆に「今に見てろ」と、闘争心をかきたてられた。

この世界は結果が全てだ。この時点では、世界記録はまだ視野に入っていなかった。何もかも、ソウル五輪に向けて結果を出すためにやっていたのだ。

しかしその最大の目標としていたソウルで、私は悪夢を見ることになる。

第三章　挫折

「陸上・投擲界初のメダル候補」

一九八八年に開かれるソウル五輪までの四年間は、順当に調整できていた。

しかし、当時東ドイツのウベ・ホーンが一〇四m八〇という、超人的な記録を出したため、八六年にやりの規格が変わることになる。

これで大体、一〇％ほど記録が下がるということだった。それまでに八五m台の自己ベストを出していたが、これで一旦《いったん》、記録が八〇m台へと下がることになる。

新規格のやりは、重心が以前よりも前方に移った。そのため、これまでは投げたやりは頂点に達すると滑るように下降して芝生にバウンドしていたのが、ストンと急激に落ちて芝に突き刺さるようになった。なにしろ飛ばないから、投げていても面白くはない。

しかし私にとって、このやりの規格変更はそう悪いことではなかった。

他の選手がみな、記録が下がって苦しんでいるとき、私の下げ幅は五m程度で済んだし、逆にどんどん実力はついていたので、八七年には八四m一六を投げて、ついに世界歴代六位になった。ローマの世界選手権でも、順当に六位入賞となった。

新規格での世界記録は、当時チェコスロバキアのヤン・ゼレズニーの八七m六六になっていたので、ここでようやく世界記録も視野に入ったということになる。

しかし、オリンピックで金メダルを獲《と》ることだけを目標にしていたので、世界記録はあまり気にしないようにしていたのだ。

世間に知られるようになったのも、この頃からだ。

投擲《とうてき》界で日本人が世界歴代六位に入ったことは、初めてだった。ソウルを前にして、私のことを「陸上・投擲界初のメダル候補」と世間が騒ぎ始めた。

記者がインタビューに来ると、私も調子を合わせて、

「もちろん、金しか狙ってません」

と答えていた。

しかし実際には、勝負というものはやってみないとわからない。

しかも四年に一度の大会にピークを持ってくるというのは、実力をつけていないと無理だ。

だが、私は本気だった。心の中では十分に狙えると思っていた。だからこそ一日一二時間以上もの、地獄のようなトレーニングに耐えてきたのだ。

いま思えば、このロスからソウルまでの四年間というのは、私の中でもっとも充実した四年間だったかもしれない。

馬鹿のように練習量だけ増やしても、方向性とクオリティが伴っていなければならない。万全を期すため、四年の間に私は考えられることなら何でもやった。ここからはまた専門的な話になるので、次の章に読み飛ばしてもらって構わない。

やりを削って調整する

道具を使うスポーツは全てそうだが、この道具にも細心の注意を払わなければならない。

やりについても同じで、試行錯誤した。

初めはニシ・スポーツという日本の陸上メーカーから提供してもらったやりを使っていたのだが、まず、これに外国人選手からクレームが付いた。

「日本の怪しげなメーカーがすごく飛ぶ特別なやりを作った」

陸上界で、マラソン以外で世界レヴェルまできた日本人選手は当時ほとんどいなかったので、そう疑われたのだ。

試合に出るたび、クレームが付けられた。そのたびにやりを再計量するのだが、もちろん問題はない。

しかし、私自身ではなく、やりに対するクレームが気に障ったので、彼らと同じサンドビック製のやりを使うことにした。

やりの素材はジュラルミンが主体だ。現在はカーボン製もあるし、表面をざらつかせることで一時は禁止されたネメトなど、やりの製造技術も高くなっているが、当時はあまり選べなかった。しかし、一言で「やり」といっても、穂先が違っていたり、硬さも違う。

だからまず一〇本くらいのやりを取り寄せ、そこから選ぶ。

理想的なのは、真っすぐなやりだ。

実は、本当に真っすぐなやりはとても少ない。左右上下のどちらかに、微妙に曲がっているのだ。そのため手にとって構えてみて、できるだけ真っすぐなものを選ぶのだが、どうしてもない場合は、少し下を向いたのを選ぶようにしていた。

また、やりは六〇m～一〇〇m級のものに分かれている。

六〇m級は柔らかく、一〇〇m級がもっとも硬くなる。私は九〇m級のものを使っていたが、やりは投げると回転しながらブルブルと震えるので、硬ければ硬いほど、このブレが少なくて、空気抵抗が小さいので飛ぶということになる。

だからといって七〇m台の選手が一〇〇m級のやりを持っても、やりが硬すぎるので肘《ひじ》や肩を痛めるし記録も落ちる。やり投げは、他の競技にはない繊細さを要求されるのだ。

他にここまで道具にこだわるのは、ポールを使う棒高跳びくらいだろう。

また同じやりといっても、試合用と練習用とに分かれる。

やりは八〇〇gが規定重量だが、新品のやりは八二五gくらいある。これは投げているうちに擦り減っていくので、わざと重く作ってある。

芝生で投げられるのだったら、擦り減るのはそう考えなくても良いが、普段は土のグラウンドで練習しているので、投げるたびに砂で削られ、やりはすぐに軽くなってしまう。

だから練習用は重いまま使う。

しかし、試合用は別だ。

練習ではほとんど使わないので、微調整しておく必要がある。

まず全体の塗装面をサンドペーパーでやさしく削って、だいたい八一〇gくらいに調整する。実際にそう量ったわけではないが、感覚でわかる。

また、やりのグリップ部には紐《ひも》が巻いてあるのだが、これはより硬いのに巻き直すこともあった。またやりによっては少し前方に巻いてあることがあるので、それを巻き直すこともある。

硬い紐を使うのは、この方がしっかりと指先に引っ掛かるためだ。さらにその上から軽くサンドペーパーを掛けると、表面がざらついて、引っ掛かりが良くなる。さらに右手のつま先を、わざとギザギザに研ぐこともある。

私が投げていた頃のやりは、向かい風の方がよく飛んでいた。飛行機が離陸するときのように、地面とできるだけ平行に投げるのだが、こうすると向かい風に乗るのだ。しかし最近のやりは改良が進んでいるので、追い風用と、向かい風用とに分けられているという。

左右非対称のスパイク「ミゾグチ」

やり投げ用のスパイクには、足首まであるハイカットと、踝《くるぶし》が出ているロウの二種類がある。

もっとも良いのは、ロウ・タイプだ。これは足首の動きを制限しないから、私のように関節の動きを一〇〇%出したいタイプの選手は、ロウが合っている。

しかし記録が上がるにつれ、投げるときの左足ブロックが強烈になり、何度か捻挫《ねんざ》したため、左足首がグラグラするようになった。

そのため右足だけロウにして、左足はハイカットを履くようにした。これはロス五輪の翌八五年くらいから、自分で工夫して始めたのだが、当時はそんなスパイクはなかったので、ミズノに特注で作ってもらっていた。

現在、やり投げ選手の多くは、この左右の長さが違うスパイクを履いているが、これは私が世界で初めて使ってから広まった。海外でこの左右非対称のミズノ製スパイクは、「ミゾグチ」と呼ばれている。

世界記録保持者のゼレズニーも、八九年頃から私の真似をして左足だけハイカットにしてきた。「世界記録保持者のクセに真似しやがって」と思い、その試合は勝つことができた。

またやり投げ用スパイクには、紐の部分にベルトが巻かれている。これは短距離よりも衝撃が強いので、足が靴の中でずれないようにするためだ。

これも当初は足の甲の真ん中辺りにあったのを、さらに後部にずらして、足の甲の付け根部分に付け直してもらった。これも世界では、「ミゾグチ・ライン」と呼ばれている。

この頃はやり投げの黎明期《れいめい》でもあったので、「ミゾグチ」の他に残っているのは、世界記録保持者のゼレズニーの名だ。左足のハイカットの足首部分にベルトを巻いたのは、ゼレズニーが最初だったので、これは「ゼレズニー・ライン」と呼ばれているそうだ。

ゼレズニーはラストの左足ブロックが強烈なのと、外国人はほぼ左足をつっかい棒のように着地するので、足首の動きを犠牲にしてまでも、左足首を固めたいがために始めたのだろう。

彼らは身体的素質、特に末端の強さがケタ違いなので、末端を固めても記録が出るのだ。

私は彼らの真似などできないので、足首にまでベルトは付けなかった。動きが制限され、長所であるスピードが殺されるからだ。

スパイクのピン位置も、全体的に後ろにずらした。

やり投げ用スパイクは、ピンが前に三列・七本、カカトに二列・四本付いている。そこで前のピンの二列目を前に五㎜出し、三列目を一㎝下げた。カカトはもっとも後ろに下げる。大体一㎝ほどだろう。

前ピンはつま先近くに付いているが、これではやり投げだと踏ん張れない。そのため微妙に後ろにずらしたのだ。さらにカカトのピンも下げることで、より踏ん張れるようにした。

最初は私も、既製品のスパイクで投げていたのだが、あるときフィニッシュでカカトが滑って転んだことがあったので、カカトのピンも後ろにずらした。

自分の意識としては、カカトではなく、足のつま先から拇指球《ぼしきゅう》にかけて着地、ブロックするのが理想なのだが、実際には、体が後傾すればするほどカカトから着地することになる。この辺りは、感覚と実際の動きにズレがあるのだ。

このピンの位置も、現在はスタンダードになっている。しかし当時は自分で工夫するしかなかったので、いつも特別に注文していた。

特注で手作りなので、多少ずれることもあったのだが、一㎜でもピンがずれていると、違和感があるのですぐにわかった。だからその場で指摘して、作りなおしてもらったこともある。ミズノのスパイク職人は「ピンが一㎜ずれてるだけで、わかるんですねえ」と驚いていた。

それだけではない。ソール（靴底）とアッパー（靴の上部）も工夫した。

着地面のソールは、より力を伝えられるように硬質プラスチックでできている。これは既製品も変わりない。

私の足のサイズは二七㎝なので、下部のソールはそのまま二七㎝でいいのだが、アッパーはギリギリの二六～二六・五㎝にしていた。もちろんスパイクは足型を採寸してピッタリに作っているのだが、アッパーだけ、より小さく作るのだ。

ここまで小さくすると、指の形がスパイクの上からわかるほどきつい。しかしこうすることで、思いきり踏ん張ってもスパイクの中で足がずれることがない。またしばらく履いていると、素材の方が伸びてくる。そうなれば、スパイクを履いていることも忘れるほどフィットするようになる。

しかし窮屈なので、初めは靴ずれを起こす。あんまり痛くて、試合中に何度か脱がなくてはならないこともあった。それでも我慢してしばらく履いていると、慣れてくる。

ユニフォームは全身タイツ

当時は全身タイツが流行《はや》っていて、アメリカのリレー・チームは頭の先までタイツで覆っていたような時代だった。これは宇宙人みたいな間抜けなスタイルだったので、すぐに消えてしまった。

私が、下半身をロングタイツにするようになったのは、当時バイクで事故を起こして、左足に大きな擦り傷ができたからという、ちょっとした偶然からだった。

それを隠すためにロングタイツをはいてみたのだが、これが意外に良かった。

それからは全身タイツで、上はタンクトップ型、下はロングタイツにした。アメリカチームのように、上下がつながっているワンピース型もあるが、私は上下、分かれているのを使っていた。やり投げは上半身と下半身が全く別々の動きをしなければならないからで、上下が分かれているとより意識しやすくなるのだ。

上半身はタンクトップ型にしていたが、これも肩の動きを意識しやすくするためだ。

また全身をタイツにするのは、もう一つ理由がある。

体の締めつけがきつければきついほど、力を出しやすいのだ。競泳界では分厚い生地できつく締めつけるスイム・スーツが禁止されたが、これは水の抵抗が少なく浮いてくれる材質ということもあるが、全体的に体を締めつけると力を出しやすいのである。

そのためベンチプレス、スクワット、デッドリフト三種目の挙上重量だけを競う「パワーリフティング」という競技では、ほぼ全員がギアを着用している。

ギアとは、締めつけがきついスーパースーツ（大腿部《だいたいぶ》）とベンチプレス用シャツ（大胸筋・肩）、ニーラップ（ヒザ）のことだ。表向きは体の各部分の保護のためとされているが、実際はきつくて硬い生地を着けることで、反発力を活《い》かして記録を上げるためだ。そのためギアを着けない「ノーギア大会」というのがあるほどだ。

動きが制限されるので、さすがにパワーリフティングのギアを使おうとは思わなかったが、原理は同じで、ユニフォームもタイツの方が体を軽く締めつけるので、力が出やすい。ただし締めつけはそう強くはないので、感覚的なところも大きいと思う。

とにかく、考えられることは何でも試して、自分のものにしていくのだ。さすがに日本人はもとより、外国人でもここまで考えて徹底している者はいなかったが、後々、私の真似をすることで彼らの記録も伸びていくことになる。

だから世界トップに出るチャンスは一、二度しかないと、当初から思っていた。

私のように身長が低く、身体的素質のなかった者が、世界でまともに闘おうと思ったら、地獄のトレーニングをおこなうだけでなく、道具についても緻密《ちみつ》に考える必要があったのだ。

ソウルの年、一九八八年のベストは八二m。自己ベストは八四m一六なので、二m下がったことになる。

これは秋のソウルに照準を合わせていたので、特に試合前の調整をしないで、疲れた体のまま試合に出たためだ。だから下がって当たり前で、逆に疲れた体で八二mを投げられたことに満足していた。これで調整すれば、自己ベストの八四mは軽く超えるだろうという計算だ。
用具も改良して、トレーニングも積み、技術も確立した。
用意は万全だった。

しかし、結果は予選落ちだった。

ソウルの挫折

オリンピック級の大会になると、決勝の前日までに予選がある。予選では三投までしか許されない。この予選で、あらかじめ決められた記録以上を投げないと決勝に進めない。

まず私は、この予選を舐《な》めてかかっていた。

その前年、一九八七年にあった世界選手権ではとにかく予選を突破するために調整をしたので、予選ではよく飛んだが、そのせいで本戦では八〇m二四で六位入賞止まりだった。
「予選に合わせていなかったら、もっと記録はのびていたのに」と悔やんだ。

だからソウル五輪では、決勝にピークを合わせていた。ソウル五輪の予選通過記録は七九m。これ以上の記録を出せば、無条件で決勝まで進める。

八〇m台はもう、いつでも出せる自信をもっていた。だからソウル五輪では予選翌日の決勝に向けて、調整をずらしていた。つまり予選は「試合前日の調整の一環」としていたのだ。そうすれば決勝でピークをむかえ、記録がのびてメダル圏内まで届くと考えていた。

しかし、これが甘かった。

緻密さを要求されるやり投げでは、世界トップの選手でも、調子の波を崩すと予選落ちすることも珍しくない。だから私のような世界六位レヴェルの選手は、自己ベストが良くても予選からしっかり調整して、全力で投げなければならない。そして決勝はバクチと同じで、とにかく一発に賭《か》ける。これが正解だったのだ。

ピークを翌日の決勝に合わせてしまったので、調子はそう良くなかった。

しかしこうなったら、イチかバチか、やるしかない。

一投目はいつもより助走を短くした。これはいつものことで、短助走で確実に、記録を残しておく必要があるからだ。

このときは七七m付近に落ちた。

感覚としては、ラストに蹴《け》りだす右足の重心が高いと感じていた。つまりこの時点でもう、体が浮ついていたのだ。そのため最後の左足の着地とブロックが遅くなり、投げ急いでしまっていた。二投目からは全助走だが、私はもう、この時点で「駄目かもしれんな」と思い始めていた。

私の悪い性格が出てしまっていた。

これはもう、自分が四年間イメージし続けてきたオリンピックではない。こんな状態では投げられないと諦《あきら》めてしまい、集中できなくなってしまったのだ。

普段は一投目の記録を確認して、そこからさらに調整して投げるのだが、もうそうする気力が出てこなかった。記録が低調だと、いつもなら「ヤバいッ」と必死になるのだが、なぜか必死に投げようという気が起こらない。

「あれ、おかしい」

そう思うと、次の瞬間には、

「クソッ、もうどうでもええわ」

と思ってしまう。

そうこうしている間に、予選は終わってしまった。

ソウル五輪の記録は、七七m四六。結局、私はメダル候補と騒がれながら、予選落ちと惨敗してしまった。

よくわからないまま、ソウルは終わってしまった

ソウルの話になると、愚痴っぽくなってしまう。

もともと、他の選手やトレーナーと同室というのが気に入らなかった。試合前はピリピリして苛立《いらだ》っているし、特にソウルでは仲の良くない吉田雅美（元やり投げ日本記録保持者）が同室だったので、余計に神経が苛立った。

吉田は私の先輩にあたるが、全ての面で正反対の性格だった。

ＪＡＦ（日本陸上競技連盟）のオリンピック強化合宿のときも同室で、私はその日の練習が終わると、後輩たちと連れだって遅くまで呑《の》むのが常だったが、いつだったか、酒も呑まないで早く寝てしまう吉田が、部屋の鍵《かぎ》を中から閉めて、私だけが締め出されたことがあった。

　このときは仕方なく他の選手の部屋で寝たが、それ以来、私は吉田と口もきかなくなった。クソ真面目というか、何というか、とにかくソリが合わなかったのだ。

　人はそれを見て、「無頼の溝口、真面目な吉田」と言ったが、私は自分のことを不真面目だと思ったことがない。

　もともとJAAFの強化合宿なんて遊びみたいなもので、本気でトレーニングしたことなどない。沖縄などの暖かい場所でおこなう、単なる調整に過ぎない。私にとって代表合宿というのは、体を休めるところであった。

　それを「溝口は毎晩呑む」だの「タバコを吸う」だのという。余計なお世話だ。

　私はただ、普通の人がやっているように、単に仕事が終われば酒を呑み、タバコを吸ってリラックスしていただけだ。普通の人がやっていることを、なぜ私だけ非難されなければならないのか。

　さらに、ソウルのときは風邪気味だった。

　ソウルは夏でも、冷たい風が吹く。試合前日も冷たい風が吹いているというのに、同室の吉田は、朝五時から窓を開けっ放しにして、自分だけ部屋でふんぞり返っている。

　いま思えば、元日本記録保持者であった吉田の、私に対する執念がそうさせたのかもしれない。とにかく、そのときは彼の自分勝手さに腹を立てていた。

私は、いつもこのような逆境に対して執念を燃やしてやってきた。

「こいつを絶対に抜いてやるッ」

その闘志だけを原動力にやってきた。

だからこのときも、とにかく腹が立ってしようがなかった。

また、日本から来た大応援団も、私を苦しめた。

そこには、和歌山の田舎から両親までも参加していた。「溝口、ガンバレッ」という声援が聞こえるたびに、試合にまったく集中できない。ソウルの競技場はスタンドが低いので、嫌でも応援団が目に入る。

ロス五輪では、外国人選手と観衆の中にポツンと置かれた状況だったので、私はそれをイメージして、この精密機械のような体を作りあげてきた。

それがコール（試合前の点呼）の時点で、顔見知りの日本人から声を掛けられるし、今まで体験したことのない大応援団に動揺してしまったのだ。いま思えば、韓国は日本のすぐ近くなのだから当然なのだが、優勝したソウル・アジア大会ではこんな大声援はなかったのでびっくりしてしまったのだ。

すでに国際試合は何度も経験していたので、緊張で上がることはなかった。英語で何を言っているのかわからないので、日本国内の試合よりも、国際試合の方が、記録が良いくらいだった。

しかし、オリンピックは違った。

満員の観客全員が「ミゾグチーッ」と叫んでいるような雰囲気なのだ。これまで「自分勝手だ」とクソミソに言われていたのが、急にコロッと態度が変わって応援されるのだ。一体、何が起こったのか、初めはよくわからなかった。よくわからないまま、ソウルは終わってしまった。

宗猛からの励まし

帰国してからは、ひたすら呑んだくれていた。

あまりにもオリンピックに重点を置いていたため、「オリンピックは神聖なもの」と思い込み過ぎていたのだ。

マラソンの宗猛《そうたけし》さんからは「溝口くんが予選落ちして、喜んでる日本人選手がいる」と聞かされた。

「日本人同士なんだから、一致団結していかなければならないのに。こんな低レヴェルだから、日本人はメダルが獲れないんだ」

宗さんはそう言ってくれたが、私も好き勝手にやらせてもらってきただけに、やはり落胆はひどかった。

ただ、トレーニングだけは続けていた。

ソウル五輪の試合後も、予選が終わると競技場のトレーニング・ルームに直行し、ウェイトをした。

トレーニングは、私の存在意義そのものだったからだ。それがなければ、生きている意味がない。だからいくら気落ちしても、自然と体はトレーニングしてしまうのだ。

しかし精神的には、ぽっかりと穴が開いたようになっていた。オリンピックも終わった八八年の冬期シーズンは、本来なら自分を追い込むトレーニングをしなければならない。

しかしまた、あの一二時間以上におよぶ、地獄のようなトレーニングに戻れる自信がなかった。「ソウルで金メダルを獲れれば死んでもいい」と思ってやってきたからこそ、できたトレーニングだった。

世界六位の愚かな油断

陸上界で強い選手が駄目になっていくケースは多かったが、今までの私はそんな奴を見下してきた。しかし今、自分がその立場に立たされてみると「そうか、みんなこうやって駄目になっていくんか」と気づかされた。

酒場で呑んでいると、常連客が私に気づき、「そんなに毎日呑んでるから、オリンピックで予選落ちするんや」と絡んできたこともある。その時はさすがの私も激昂《げきこう》し、「だったら自分で投げてみろやッ」と喧嘩《けんか》になった。

今だったら大問題になっているだろうが、この頃はまだ、牧歌的な時代だ。現在だったら、私はここで完全に、陸上界から追放されていただろう。

しかし悪夢のようなソウルも、冷静になってよく考えれば、日本の応援団はもちろん、吉田雅美のせいでもない。

人のせいにするのは、私の流儀に反する。

世界歴代六位とはいえ、八四mそこそこの自己ベストで金メダルを狙えると思っていた、自分が足りなかったのだ。

確かに当時のオリンピックの優勝ラインは八四mであり、実際にソウルで金メダルを獲ったフィンランドのタピオ・コリウスの記録は、八四m二八だった。

しかし「これだ」と、狙いを絞った試合で八四mの記録を出すには、最低でも八四mはいつでも投げられるようにならなければならない。八四mがベスト記録で勝とうと思う方が甘いのだ。

事実、世界記録の八七m六六を投げたゼレズニーでさえ、八四m一二という記録で銀メダルに終わっている。一位とはたった〇・一六の差だ。

オリンピックという四年に一度の大きな大会、中でも特に高度な技術を必要とするやり投げでは、優勝記録は、自己ベストよりもかなり低調になる傾向にある。

私についても、それは例外ではなかったのだ。

だから自己ベストがいくら優勝ラインでも、実際はそれ以上のベスト記録を持っていて、なおかつ八四m台をコンスタントに投げる実力がないと、メダルには届かないのだ。

身体的素質では不利な日本人にとって、やり投げでいう八〇m以上というのは、登山でいえば八〇〇〇m以上の高峰に無酸素単独で挑むようなものだ。これを一発で狙おうというのは、ただの無謀だ。待っているのは死か撤退しかない。だからコンスタントに八〇〇〇mという高度を克服して体を慣らして、初めて八五〇〇mという世界最高峰を無酸素で登れる。

冷静に振り返ると、そうわかるのだが、その時はまだわかっていなかった。オリンピックで自己ベストを出して、金メダルを獲って引退できると思っていた自分が甘かったのだ。

「オリンピックには魔物が棲《す》む」という。

しかし、どのような試合であっても、負ける時は負けるし、勝つ時は勝つ。オリンピックだから特別にそう言われるだけの話で、試合に出るのは自分自身であり、全責任は自分にある。

私は、オリンピックに負けたのではない。

自分に負けたのだ。

オリンピックという、世界一のカジノに自分を賭け、そして一文無しとなって、放り出されたのだ。

どん底

一九八八年のソウル五輪の惨敗から立ち直ることは、容易なことではなかった。

「死んでいく奴って、こうやって死んでいくんや」

そう思ったのも、この頃のことだ。

八九年の正月、私は和歌山の実家に帰ったとき、お袋には「肩身の狭い思いさせてすまん」と謝った。お袋は「しかたないやん」と言ってくれたが、やはりお袋だからそうした優しい言葉を掛けてくれたのだろう。

親父にも頭を下げ、「悪いけど、もう少しやらせてくれ」とだけ言った。私は農家の長男で、家を継ぐ問題があったからだ。

私も親父も頑固だし、口下手ということもあり、決して仲が良いとは言えなかったが、ソウルまで足を運んできてくれたのに、あんな負け方を見せてしまった。周囲からもいろいろ言われただろうに、そんなことは一切、表情には出さなかった。

「自分が育ててもらった道で、恩返しすればええ。日本の陸上界に貢献できるような人間になれば、それでええ」

親父は淡々とした口調で、そう言った。

どうせ田舎で農家を継ぐのだったら、その前に都市部で少し働こうと思っていた程度の少年だった。しかし高校でやり投げに夢中になってしまい、やり投げができればどこでも良かったので、それまで名前すら聞いたことのなかった京都産業大学に進学した。京産大のグラウンドから日本選手権はもちろん、アジア大会、世界選手権、ロス五輪、ソウル五輪に出た。

試合では勝ったり負けたりしたが、二度にわたるオリンピックの大舞台では、どちらも予選落ちに終わってしまった。

このままで終わることはできない……。

京都に戻ってからも、まだしばらくは呑んだくれていた。立ち直るには、それなりに時間が必要だったのだ。

いろいろなことが頭を過《よぎ》ったが、実際にやりを投げるのは自分なのだから、全ては私の至らなさにあるのだと自分に言い聞かせた。

ソウル五輪の敗因は、八四mをコンスタントに投げるまでに至っていなかった体力、技術、精神面にある……。

気持ちが前向きになれたのは、八九年の二月頃だった。オリンピックが終わってから、半年以上がたっていた。

「ミゾグチはタバコを二箱も吸う」

「代表合宿でも毎晩呑んでいる」

「気に入らない記者の取材に応じない」

だの何だのと言われた結果が「予選落ち」では、私の陰口を叩《たた》いた奴らに仕返しができない。

今はとにかく耐えることだ。

私の執念、怨念《おんねん》は自分でも「蛇のようだ」と思うことがある。それほど私は、執念深い。

この執念、怨念がなければ、私は世界六位になれなかった。天性の素質を備えた奴や外国人は別かもしれないが、押しなべて競技者というものは、この執念と怨念がないと世界に出られない。少なくとも、私はそれを糧にやってきた。

しかし、以前と違ったのは、「今まで応援してくれた人たちに恩返しをしなければならない」という意識が生まれたことだ。

ソウル五輪後の一二月、奈良から「ファンです」という少年がいきなり大学のグラウンドにやってきて、「溝口さん、絶対、世界記録出してください」と言った。

この子も、学校で「溝口アカンかったやないか」と言われていたのだろう。一人で奈良から京都までそれを伝えに来たからには、よほどのことがあったに違いない。

「溝口はやるでッ」と言ってくれていた全国の人たちが、「アカンかったやないか」と言われているのだ。その人たちに、私は借りができた。これを返さないといけない。

再始動

実家から戻ってしばらくたった一九八九年。

私はこの年、二七歳になった。

やり投げ選手の寿命は短い。普通は騙《だま》し騙し投げて、体力的な限界は三〇代前半というところだろうが、私のように、一二時間以上トレーニングし続けるようなムチャをしている場合は、いつ壊れてもおかしくない。

それにバルセロナ五輪の年には、三〇歳になっている。三〇歳を超えても、この状態を維持できるかというと、正直いって、そこまでやれる自信がなかった。たった一年、いや一瞬でもいい。世界のトップに立たなければならない。でないと「やりの溝口」と呼ばれたプライドが許さない。ソウル五輪翌年の一九八九年シーズンは、特に大きな大会はない。だから記録を狙っていくことにした。

振り返ってみると、ここ二年の記録は低調だった。これまでには八四m一六を投げて世界歴代六位に入っていたが、ソウル前は調整しなかったこともあって八二mで終わっていた。ソウル五輪という大舞台にそなえて、あえて記録は狙わなかったからだ。その本番が七七mだから完全な敗北であったし、ソウルの予選記録に至っては日本の大学生なみだ。

世界記録はチェコのヤン・ゼレズニーの八七m六六だが、まずは八四mの自己ベストを超えることを念頭においた。

とはいえ、冬期シーズンは自分の思ったような練習はできなかった。やはり精神的打撃がそれほどきつかったのだ。

だが、これが幸いした。

精神的にはボロボロだったが、この四年間のトレーニングで疲れ切った体は、ここでようやく休め、徐々に回復していた。

落ち込んではいても、世界選手並みのトレーニングは続けていた。私にとって練習は三度の飯より大事なものだ。だから練習している方が逆に、何も考えられずに済む。

練習以外は、ずっと京都のアパートにこもっていた。

私がずっと部屋にこもっているので、少しでも気晴らしになればと友人、知人に誘われて、初めてゴルフをやった。ゴルフクラブも持っていなかったのだが、ミズノに言うと提供してくれた。世の中はバブル景気に沸いていたので、そういうこともできた時代だった。以前の私なら、ゴルフに誘われて応じることなどあり得なかった。

それで初めてゴルフのコースに出てみると、ゴルフというのは技術も体力も重要だが、それよりもメンタルが非常に左右するとわかった。

例えば、最初のフルショットで飛ばすとスコアを伸ばせる。しかし、やり投げのように「思い切り飛ばしたろ」と思っては、意外に飛距離が出ない。

クラブを思い切り振るのは変わらないのだが、「ここで力を入れる」というポイントがあることに気がついた。力の入れ方のコツをつかんだのだ。

ゴルフは長丁場だから、話しながらコースを回る。これも新鮮だった。

それまでの私は、練習のウェイトでＭＡＸに挑戦するときでも、周りでベラベラ喋《しゃべ》っている奴がいたら黙らせていた。集中できないからだ。

しかし、やり投げもゴルフと同じで、ずっと集中していては上手《うま》くいかない。ようはポイントだけ集中すれば、あとはおしゃべりしていても大丈夫なのだ。

やり投げしかやってこなかったから、いい気晴らしになったと同時に、やり投げにもこれは応用できると思った。

新しい技術

ホームグラウンドとしていた京都産業大学のグラウンドに戻ると、まずは技術の改良に取りかかった。

実は、ソウル前に、新しい技術を発見していた。しかし時間がなくて取り入れないまま終わっていたので、まずはそれに取り組もうと思ったのだ。

新しい技術とは、簡単にいえば、助走後に投げの構えに入るとき、後傾するのをやめることだ。

やり投げの技術について、これまでは、

・リラックス
・リズム
・タイミング
・後傾、身体のしなり

が重要とされた。

つまり助走ではリラックスしてリズムよく走り、クロスではポン、ポンとステップし、ラストで高く大きくポンッと跳んで着地して投げる。フィニッシュのときは、下半身から上半身へと大きく弓なりにしならせて投げる。

これは理論的には間違っていないのだが、実はラストを高く跳ぶと、タイミングの取り方が非常に難しくなる。

外国人なら多少、タイミングがずれても、超人的な末端のパワーがあるので飛距離が出るが、パワーのない日本人には逆に不利だ。

最後に大きく跳ぶクロスは、小さなパワーで投げるには効率的ではないし、何よりタイミングがずれるリスクが大きい。

そこで私は助走、クロス・ステップ、フィニッシュまでを徹底して確認し、直せる箇所は修正することにした。

一からヒトの動作を考える

まずコールがあって、ピットに入ったときから、やり投げは始まっている。助走前は決して、ジッとしてはいけない。やり投げは、助走からの流れが重要な競技だから、一旦静止してしまうと、その流れがつかめなくなるからだ。

この辺りは感覚的なことだが、とにかくジッとしないで、細かくステップを刻んでタイミングを計る。

このときも、カカトは地面に着けてはいけない。足というのは、拇指球に上手く体重を乗せないとパワーが出ないから、つま先立ちにちかいくらいカカトを上げて、ステップを刻むクセをつける。

やりは肩に担いでいるのだが、このときに右肩の関節をカチッと入れてやる。これは一般の選手にはできない意識だが、私はすでに繰り返しウェイトしながらひたすら反復練習をしてきたためにできるようになった。

ただ普通の人でも、この肩をはめる感覚を体験することはできる。

例えば、少し重たい物を持って、腕を頭上高く挙げる。そして空に円を描くように回すと、肩関節の動きが意識できると思う。このとき、関節をカチッと入れてやるのだ。

肩関節をカチッとはめると、投げのときにその反発を利用できるので、投げの構えに入るところまで、このままにしておく。

肩関節がキマり、気合がはいったら、助走に移る。

助走は、前かがみ気味に低い姿勢で走る。

速く走ろうと思うのなら、上半身は猫背のように前かがみ気味になって、腿《もも》を体の前方で回す感じにするといい。こうすれば、誰でも速く走れる。

私は何度も助走練習していて、この猫背の姿勢で腿を前で回転させれば、速く走れることを知った。というよりも、速く走ろうとすれば、それしか方法がないのだ。

これは一九九〇年代に入るまで、世界の舞台でもほとんど見られなかった。短距離界でもまだ気づいていなかった技術だ。現在では多くの選手がスタートしてから前半は前かがみになって走っているが、私はこれに一九八九年の段階ですでに気づいていた。なぜ短距離選手がこの動きをしないのか、不思議でならなかった。

こうした技術面での新発見に、コツというものがあるとしたら、これまでの常識を全て疑い、一からヒトの動作を考えることだ。

短距離だったら、まずスタートから疑ってかかる。現在はオーソドックスとなっているクラウチング・スタートも、本当にそれが正しいのか、一から検証していくのだ。

例えば、ヒトはなぜ「後ろ向きで走ると遅くなる」と思うのだろうか。わかっていても、その本当の理由を答えられる人は少ないだろう。もしかしたら、後ろ向きで走る方が速いかもしれないのに、誰も試そうとはしない。私は実際に、後ろ向きに走って確かめた。

これは極端な例だが、こうした一見、馬鹿々々しいと思われるようなことでも、自分が納得するまで繰り返して確認する。大切なのは実践し、関節や筋肉の動きを感じ、そして考えることにある。繊細な技術を要するやり投げに、近道などない。

猫背の状態で、腿を体の前で回して助走するので、一見すると姿勢が悪い状態で走っているかのように見える。だから最初は、みなが「変なフォームだ」と私を笑った。

八九年の時点でそれに気がついているのは、世界でも私くらいだったから、それも仕方ないが、とにかく他人の目など気にしないことが大事だ。

しかし意外に、これが他の選手には難しいらしい。

例えば学校の陸上コーチから「そんなフォームはやめろ」と言われれば、あなたならどうするだろうか。ここで自分を貫けば、コーチとの縁は切れてしまうかもしれない。しかし、やり投げの飛距離は伸びるかもしれない。

実際に、世界レヴェルの選手で、記録ではなく恩師をとった日本人選手も少なくない。素質は世界レヴェルなのだから、本気で競技のために親兄弟をも捨て、本当の意味で命を賭ける覚悟があったなら、世界記録もオリンピックの金メダルも狙えただろう。しかし、それができる人の方が少ないのである。世界トップになるよりも、まず人であることを選んだのだ。

それもまたいいだろう。人の生き方は、それぞれなのだから。べつに良いも悪いもない。

だが、私は違う。

やり投げで、世界トップに立とうと思った。

だから肉親とか恩師とか女とか、そのような存在は無視すべきものであり、他人からどうこう言われようが、自分が一旦納得したら、それを貫き通した。素質のない私のような日本人が、やり投げで世界トップに立つためには、それくらいの覚悟が必要だった。もしかしたら、素質がなかったからこそ、馬鹿に徹し切れたのかもしれない。

クロスのときに跳ばない

助走しているときは、猫背を維持して、足を前で回して全力疾走するのだが、上半身はブレてはいけない。戦車のイメージで、足だけは前に全力疾走しているが、上半身はどこにも向けられる、という意識でいる。実際の動きではブレているのだが、自分の感覚としてはブレていない。この感覚が大切だ。主観だけでなく、客観性も要求される。三〇mほど助走すると、あらかじめピットの横に置いておいた目印のマーカーが目の端に入る。

そうしたらクロス・ステップに移る。体を横に向けるので、どうしてもクロス・ステップになる。このクロスを何歩にするかだが、私は試行錯誤のうえ、シンプルに五歩にした。このとき初めて体は横を向いて、やりを後方に構えることになる。

傍《はた》から見ていると、そう見えるのだが、実際の感覚は全く違う。

体が横を向くため、やりを持った手を後ろに引いているように見えるが、感覚としてそれでは駄目なのだ。

助走前にカチッとはめた肩関節が外れないよう、体を横に向けるだけだ。そうすると自然に、やりを持った手が後ろにくる。なぜなら、体は横を向いているのだから。肩と肘はほとんど動かしていない。

これは傍から見ていると「やりを後ろに引いている」ように見えるのだが、実際にはカチッとはめた肩はそのままで、体が横を向いているだけなのだ。

こうして初めて、肩関節をカチッとキメたのが生きる。肩関節をキメておくと、最後のフィニッシュ時にそれが破壊され、爆発的なパワーを引き出すことができる。

何でもそうだが、硬ければ硬いほど、反発が強い。

細長い鋼鉄を手で曲げようとしても、曲がらないばかりか、逆に反発して自分に跳ね返ってくることがある。ようはその原理を、骨に置き換えるのだ。

人間の体の中でもっとも硬いものは、筋肉ではなく骨だ。だからその骨の反発を使うのである。私はよく「骨を使って投げる」と表現するのだが、肩関節を支柱にして、腕と鎖骨など、骨の硬さをテコにして投げるのである。

もちろん、そんなことをしたら肩は破壊されるかもしれない。骨は折れなくても、支えている腱《けん》や筋肉が千切れるかもしれない。しかし、そんなことはどうでもいい。

そうして体を横に向けると、自然に足はクロスしたような形になる。このとき、普通ならポン、ポンと跳ねるようになるのでクロス・ステップと呼ばれるのだが、私はこのときも跳ねない。

体を横に向けて、前へ跳ねないように進もうとすれば、ガニ股《また》気味にヒザを外に出し、外・内・外・内と、足を入れながら走り抜けることになる。

足は着地しているときしか、パワーが出せない。

跳ねると両足がタータン（ゴム製の地面）から離れてしまうので、パワーが逃げる。助走で得たスピードをそのまま活《い》かしたいので、スピードを犠牲にする跳ねるステップよりも、そのまま走り抜けるようなクロスが理想的だ。少しでも、足を地面に着けておきたい。

そこでアジア人が得意とする股関節《こかんせつ》の強さを活かし、ガニ股から内股、ガニ股、内股を繰り返して、それをクロス・ステップにしてしまうのだ。

このクロスのフォームは、助走のときの猫背より驚かれた。なにしろクロスのときに跳ばない選手は、今まで世界で誰もいなかったからだ。ガニ股だったのも、面白かったのだろう。「まるでロボットだ」とも言われた。まあ、言いたい奴には言わせておけばいい。

この低いガニ股クロスは、欧米人には中々できない。股関節の使い方が下手だからだ。日本人はアグラをかいて床に座る習慣があるので、実は股関節が非常に柔らかくて意識しやすい。

これはやり投げにおいて、アジア人がもつ唯一の素質だ。これを活かしたのが、私のクロスとなる。だから海外で活躍している日本人選手をよく見ると、この股関節の柔軟性を有効に使っている選手が多い。私のクロス時のフォームも、傍から見ているとただのガニ股に見えるのだが、実際には内腿、股関節を意識している。

内腿を意識するには、外側から内に力を向ける必要がある。だからまずガニ股になって外側に大きく開き、それから内側にガッと力を入れる。こうすることで初めて、股関節の柔軟性を活かしたスピードへと変換できる。

猫背走法

ここからが、ソウル直前に見つけた新技術だ。

簡単にいうと、クロスに入っても体を後傾しないで、猫背をキープしたままにして、投げる直前まで前方に腰を曲げたままにしておく。それまで私も、一般選手と同じく上半身をわざと後傾していたのだが、クロスに入っても猫背をキープするのだ。

もちろん投げるときは投擲方向に胸を張って、その反発でやりを投げだすのだが、反動をさらに活かすため、クロスの段階に入っても前方向に上体を曲げたままにして、爆発的なフィニッシュを得るようにする。

これはかなり苦しい姿勢だが、実際は三秒くらいだから、我慢のしどころだろう。後ろにのけ反りたいところをグッとこらえて前かがみを維持するのだ。

ただし、実際に傍から見ていると後傾しているように見える。しかし本人の意識は、あくまで前かがみになっている。


フィニッシュは〇・五秒ほどの瞬間的な動き

肩をカチッとはめ、上半身は固定したまま、全力で助走。クロスではガニ股で走り抜ける。前かがみのまま、ダダダッと駈け抜けたらフィニッシュだ。

右足を目一杯、蹴りだす。

右足の強烈なキックで、左足を大きく前に一歩出す。

このときの写真を見ると、あまりに大きく左足を出しているのでバレエでいう「グランジュテ（一八〇度開脚して跳ぶ）」、または跳ぶ「パ（歩み）」をしているように見える。

これも傍から見ているので単に一六〇度ちかく開脚しているように見えるが、イメージとしては、走り幅跳びを意識している。

助走で付けたスピードを、クロスで殺さずダダダッと走り抜けるのだから、スピードが他の選手よりもすごく速くなっている。このスピードは前方に向いているから、これを投げる方向、つまり斜め上前方に向けなければならない。

同じ動きをしているのが、幅跳びだ。

幅跳びは、全力で助走した後、踏み切り板に合わせて、ラストの一歩だけは大きくして、斜め上前方に、体ごと跳び出す。私はそれを見ていて「これは使える」と思い、この技術をやり投げに応用したのだ。

そのため、普通のやり投げではあり得ないほど、左足が前に出るということになる。しかしこれは、実は前方への推進力を、斜め上に変換するための「一歩」なのだ。

幅跳びでは、この後にそのまま斜め上前方へ体ごと跳び出すのだが、やり投げでは反対に、大きく前に出した左足一歩が着地すると同時に、左足をはじめとする左半身だけで、全力で体を止める。

たとえると、全力で走っていた自動車が電柱に正面衝突し、ガンッという衝撃と共に、一瞬で止まるイメージだ。

スクワット二三〇kgを挙げる右足で思い切り蹴りだしたら、左足一本でガンッ、と一瞬で止めるのだ。

すると猫背になっていたのが、このとき初めて、衝撃で体が逆にのけ反るようになる。猫背をキープしていた上体が、ブロックの衝撃で今度は後ろに反って、前に飛び出そうとする。その行き場のないパワー（筋力×スピード）が左足から体幹、右手へと伝わる。

しかし、助走のときから右の肩の骨をカチッとはめているので、そう簡単には右手は出て行かない。ガンッという衝撃により、カチッとはめた肩の骨は外れ、骨の硬さだけ後ろへしなった反動で前へ、右手ごと千切れて飛んでいきそうになる。

そこで初めてやりを持った右手を、ベンチプレス一九七・五kg、プルダウン一四〇kgを挙げる腕で、思いっきり斜め上前方へ押し出してやる。このときも左足と同じく、左手はガッチリと上体をブロックする。

すると、それまで目の横に付いていたやりの穂先は顔から離れ、斜め前方に向く。しかし目線はあくまで投擲方向に向き、あごは引いたままにする。こうすると力が出やすい。

吐き出したい息もグッと堪《こら》えて、やりに全てのパワーを伝えて投げる。右足の蹴りだしから左足ブロックまでの間は、一秒かかっていない。

全てのパワーのみならず、背骨から肩の骨を使った反動がやりに伝わると、バンッと、やりは空中へ放り出される。

野球と違って肘は使わない。右手は棒のようになっている。傍から見ていると、肘もしなっているように見えるのだが、意識としては、右腕は棒のようになっている。

やりはできるだけ地面と平行に投げだす。やり先を上向きにはしない。飛行機が離陸するときのように、できるだけ地面と平行にして投げる。

実際にはやり先は斜め上を向き、山のような放物線を描いて落ちるのだが、意識としてはあくまで平行なのだ。やりを上向きに投げるのと、平行にして投げるのとでは、飛距離が全く違う。平行にして投げる方が、もちろん飛距離は伸びる。

よく野球のピッチャーの動きと比較されるのだが、やりはボールよりも五倍以上重いので、あんな投げ方をしたらすぐに肘が壊れてしまう。だからやりの場合は、肩の骨と大胸筋の引っ張りで投げる。骨はもっとも硬く、大胸筋はもっとも強大な筋肉だから、それを使うのだ。

この意識をするために、時々、円盤投げをして調整した。

円盤投げは、腕をまっすぐにしたまま横から投げるサイドスローだ。だから使うのは肩から大胸筋の辺りだけだ。肘は使わない。

この意識が大切で、やりも意識としては、肩から大胸筋を使って投げる。大きな筋肉は、それだけ大きなパワーを出せるからだ。理想的なのは、やり投げも腕をまっすぐにしたまま投げることである。もちろんこれは基本の話で、実際には限界まで腕の筋肉をつけている。

この円盤投げのフォームのまま、上体を少し左斜め下にするだけで、右手は自然に上の位置にくる。やりは、こうして投げることが重要だ。どうしてもオーバースロー、つまり上体をまっすぐにしたまま右手だけ上にして投げてしまいそうになる。その方が体としては自然だが、最大限のパワーを引き出せない。

だから時々、円盤投げをして、この意識を取り戻す。肘や肩への負担も少ないので、時々投げると気持ち良く感じる。また円盤は二kgあり、やりの倍以上重いので、投げるだけでもトレーニングになる。

激しいトレーニングを続けると、どうしても食欲が落ちる。もともと食は細い方なので、意識して食べないと、どうしても痩《や》せてしまう。そういうときは飯にお茶をぶっかけ、そこに氷を混ぜて胃に流し込んだ。うどんに飯を混ぜて食ったりもした。プロテインは一日、五度くらいの頻度で摂《と》っていた。

このソウル直前に見つけた、猫背キープの利点は、肩の骨に加え、背骨も反動に使えることにある。助走、クロス、フィニッシュまで猫背にして背骨を曲げていたのが、ガンッという強烈なブロックで一瞬反りかえりバンッと戻ろうとする。この反発を使うのだ。

しかし、いざ実践するとなると、これがなかなか難しい。

フィニッシュは〇・五秒ほどの瞬間的な動きだ。瞬間的にこの一連の動きをしようと思えば、頭で考えていては駄目だ。考えなくてもできるまで、ウェイトで何度も反復練習し、実際に何本か投げて、体に覚え込ませる必要がある。

背骨の反動まで使う投げを開発したため、腰椎《ようつい》に分離すべり症（蝶々《ちょうちょう》のような小さな骨が折れて分離し、背骨がずれる）を五か所も抱えることになってしまった。

つまりこの新しい技術は、背骨をも破壊してしまう。しかし故障した箇所は、ウェイトでつけた強力な筋肉でサポートするしかない。

そして、一九八九年のシーズンが始まった。

第四章　復活

試合一週間前から調整

ソウル五輪の翌一九八九年のシーズンは四月一六日、北九州の本城《ほんじょう》陸上競技場開場記念・北九州招待陸上大会から始まることに決まった。

この試合は本格的な復帰戦となるので、さすがにオリンピック並みの調整をした。ここでまた記録が低調だと、何を言われるかわからないからだ。

調整は大体、試合一週間前から行う。

まず日曜に試合があるとしたら、その一週間前の日曜日は休養にあてる。休養と言っても大体、プッシュ系のウェイトをやることが多い。完全に休むことはあまりない。私の休養とは「軽い練習」のことだ。

そして月曜から本格的に調整に入る。

このときは、腿《もも》がつるくらい助走練習をする。クロスへの入りを、目をつぶっていてもできるようにしておくためだ。ただし、バウンディング（跳躍練習）は、試合一週間前になると絶対にやらない。またスパイクも、試合当日まで履かない。スパイクのピンに頼る感覚を取り除いてやるためだ。

このときのウェイトは、相変わらず常にMAXだが、量はさすがに減らしている。セット数を減らして、高重量に挑戦する。種目もスナッチなどの基本的なもの以外に、プルダウンなど、やり投げに特に必要な種目をやる。月曜にできなかった分のウェイトは、翌火曜日に行う。水曜は一応、休養にあてている。

投げについては一日数本、投げる程度になる。状態によっては、全くやりを持たないことも多い。このあたりは自分の体調と相談して、臨機応変にやる。絶対にこうする、と決めることはない。

木曜は再び、ウェイトをしてから助走練習をする。このときのウェイトはプルオーバーなど、やり投げに関係する種目のみ二〇％か三〇％くらいで、軽く体を動かす程度だ。

金曜日は休養にして、土曜は最終調整に入る。

試合前日の土曜日は、一時間半ほどかけて、のんびりと助走練習をする。ノー・スパイクで二、三本投げることもあるが、タオル投げはしない。

このとき「体が浮き過ぎてるな」と感じたら、スパイクを履いて投げることもある。ウェイトはあまりやらないが、プルオーバーを軽くすることもある。ウェイトをやっておいた方が、体が動きやすいことが多いからだ。もうそういう体になってしまっている。

また金曜日あたりから、朝食を抜いて減量に入る。試合当日はだいたい一kgくらい減らすのだが、こうすると体にキレができる。投擲《とうてき》選手で減量するのは、珍しいそうだ。

やりを持っての投擲練習は何本かするのだが、このときやりを重く感じることが大切だ。やりが軽いと、体のしなりができなくなるので、そういうときはやりを置いて、タオルを投げることもある。

調整中の飛距離は、平均して七七mくらいだろうか。七五mを投げられれば、まず合格としている。

全助は試合で、イチかバチかでやるものだ

試合当日は、開始時間から逆算して八時間前には起きる。

私が出る試合はそれなりの選手が出るから、朝一発目から始まることはほとんどない。

世界大会になると、前日はほとんど眠れない。この日も眠れなかったが、そういうときは朝が来るまでただジッと横になっておく。少しでも体を休ませたいからだ。

試合会場に入ると、アップに入る。

二、三分ほどジョッグ（ゆっくりしたランニング）をしたら、タバコを吸いながらストレッチなど軽い運動をする。私は長く走るのが嫌いなので、ジョッグといっても非常に短い。ストレッチも同じで、一般的な選手と比べるとほとんどやっていないように見えるだろう。「体は硬い方が良い」という考えからだ。体が硬いとその分、反発を利用できるので、ストレッチはあまりやらない。

それから一〇〇mを八〇％で二、三本やり、次にやりを持って助走練習を一〇から一五本くらいする。

これは全て短助（短助走）で、試合で実際にする全助（全助走）はやらない。全助だと腕が後ろに残る感覚が出てしまうからだ。あくまでも己の体全てをコントロールできているかどうかを確認するだけだ。徐々にスピードを上げるが、もちろん全力疾走まではしない。

全助というのは、試合で、イチかバチかでやるものだ。

投げも二本しかやらない。これはフィニッシュの確認のためにやるもので、飛距離も三〇mか四〇mくらい。肘《ひじ》や肩を痛めているときは、やりを持たないで、タオルを持ってイメージトレーニングするだけのときもある。

タオル投げは、試合の調整に入ると時々するのだが、これはやりが重たく感じられるようにするためだ。タオル投げも、ただ投げればいいのではない。まずタオルの先を結んで、投げるときもタオルが絶対にたるまないように、半円形を描くようにして、常にピンと張ったまま振り切る。

やりを持っての投げは、八〇%であれ全力であれ、試合までにそれだけの力で投げてしまうと、試合当日は必ずといって良いほど記録が下がってしまう。だから試合前の調整でやりを実際に投げるときは、フィニッシュの左足ブロックを確認するだけに止《と》める。

このとき右足で蹴《け》りだして左足でブロックし、足から体幹、腕、指先への伝わり具合を確認する。ゆっくりした動作であっても、左足を踏んでブロックに耐えられるかどうかを確認できればそれでいい。

あとは長年やってきた、自分の感覚と可能性を信じるだけだ。もし信じられなかったら、そういう練習をしていなかったということだ。

再び世界六位へ

北九州戦の当日は、雨が降ったり止んだりで、天候としてはあまり良いコンディションとはいえなかった。しかしソウル五輪後は、そうした外的要因のせいにすることは止めたので、どのようなコンディションでも気にしないように努めた。

体の仕上がりは悪くなかった。

しかし、ソウル五輪以後は試合も出ていなかったし、やる気もなかったので復帰戦は不安だらけだった。試合勘が鈍っていないか、それが不安だった。

とりあえず自己ベスト八四m一六を超えることを目標にしたが、これも二年前の記録だ。世界歴代ランクでいっても、六位から九位に下がってしまっていた。

私の自己ベストは、そのまま日本記録になるから、日本新記録が目標ということになる。招待選手のみの出場だから、選手は日本トップ級の六人くらい。試合としては気楽なものだが、私だけはガチガチに緊張していた。

試合が始まると、ゴルフで発見したように、試技に入るまではリラックスして、あまり最初から集中しすぎないように注意した。

一投目はとりあえず記録を残すため、相変わらずの短助だ。

八〇m付近に落ちたので、調子は悪くないと感じた。溝口はやはり駄目だとは、これでならないだろう。

二投目からは、イチかバチかの全助だ。

全助というのは、ものすごくスピードが出るので、もはやバクチにちかい。タイミングが合えば幸運という未知の世界だ。

全力で助走し、ガニ股《また》クロスでダダッと駆け抜けてガンッと、ブロックして投げた。

やりはきれいな放物線を描いて飛んでいく。自分の感覚では八三から八四mくらいは飛んだと思った。

そのままファウル・ラインまで二歩で止まり、やりが芝生に刺さるのを確認して、横からピットを出た。あとは記録係の測定待ちだ。

「八五m二二ッ」

記録係から結果報告が出た途端、観客席はもちろん、選手たちからも「オオーッ」と歓声が上がった。自己ベストを一ｍ〇六も超える日本新記録だ。

自分としては八四mくらいの感覚だったので、これには私も「ホンマか」と驚いた。こういう場合、世界大会だと出場選手たちから握手を求められることが多いのだが、日本の大会なので、他の選手はなぜか私を怖がって、近くに寄ってこない。

あまりにもびっくりしたので、とりあえず落ち着きを取り戻すため三投目はパスした。出場選手が少ないので、すぐに次の試技順がきてしまうためだ。

雨も止んだことだし、四投目からは記録を狙っていったが、八四m以上出ない。ゼレズニーが出した世界記録、八七m六六を意識しすぎてしまったのだ。これは失敗だったと後悔したが、もう遅かった。意識していなかったつもりでも、実際には意識してしまっていたのだ。

弱いからこそ、気合に頼る

試合のあと、控室で新聞社からインタビューを求められた。

「日本新記録、おめでとうございます。今までと、どこか違っていた点はありましたか」

「クロスがとびきり速いな、と思ったくらいです」

「世界記録を狙える位置まで来ましたね」

「いや、そこまではまだ……。去年までは、いい加減に投げても八〇mはいつでも出ると、競技を舐《な》めてましたからね」

「今年は世界記録を狙えるんじゃないですか」

「今日は八五mが出てホッとして、それ以上は気合が入らん面がありました。その辺が私の悪いところです」

テレビ中継が来ていたので、ついでに試合中の映像を見せてもらい、フォームを確認した。

「これだけ速く投げたことは、今まで一度もないな……」

思わず、そうつぶやいていた。

映像を見ていても、助走のスピードのままクロスしている感じだ。

「世界記録保持者、ゼレズニーとの対決が楽しみですね」

そう聞いて、私は思わず訊《き》き返した。

「今年の東京国際、ゼレズニーは出るんですか」

東京国際とは、今年五月にある「東京国際陸上」のことだ。世界トップの選手を招待して、日本で行われる陸上大会のことで、ゼレズニーも出ている。

「出る予定ですよ。やはり勝負したいですか」

「いや、今のところは、まだ早いですね。八五mを一度投げた程度では。まずは彼とやろう、という気になることが大事ですから。無謀にやって負けたりしたら、また……」

「叩《たた》かれる」という言葉が出そうになり、私は口をつぐんだ。

取材嫌いで、質問されても「うるさい、向こう行け」、「勝って当たり前じゃ」、「リラックスなんかせえへん」と強気なことを言うだけだった私も、ここは謙虚に言葉を控えた。

「ゼレズニーとは、そうですね……。九月のワールドカップあたりで対決するのが一番いいでしょう」

「ソウル以後は毎晩のように呑《の》んでいたと聞いていますが、今も呑んでますか」

「さすがに今はもう、呑んでないですよ」

これは嘘だったが、控室は笑いに包まれた。

記者たちも、昨年までのピリピリした私と違うと思ったようだ。久しぶりに、明るい雰囲気で記者会見を終えた。

世界記録は逃したが、今日は復帰戦だ。この辺りで満足するしかないと、自分を納得させた。

——ソウルの悪夢から七ヵ月、執念の復活

世界歴代六位の大アーチ。溝口和洋、再起——

翌日の新聞はそう書き立てた。

八七年の世界選手権で六位に入ったのは、日本人で唯一、私だけだった。それで八八年のソウル五輪も期待されたのだが、これは予選敗退。それが今年は復活して、初戦からいきなりソウル五輪の優勝記録八四m二八を約一mも超えたのだから、マスコミが騒ぐのも無理はなかった。

八五mを投げたことで、私は再び世界歴代六位に入った。しかし私の中では、もはや世界六位など、どうでも良かった。

狙うのは、世界記録しかない。

この試合後、和歌山の大会にも出場したが、八二mに終わった。やはり世界記録を意識しすぎて、投げが強引になってしまっているようだった。やり投げは繊細な競技なので、この辺りは非常に難しい。

しかしソウル五輪をへて、私自身、変わりつつあるのを自覚していた。

それまでは「気合で投げるしかない」と思ってやってきたのだが、気合で投げるというのは、逆に弱いからではないかと思うようになったのだ。「気合で投げる」のと、「スッと集中して投げる」のとでは全く違う。例えばおしゃべりしていても、投げるときだけスッと集中すればいいのだ。あまり気合にこだわるとかえって細かい筋肉がこわばってしまい、何かハプニングがあったときに対処できなくなる。

つまり弱いからこそ、気合に頼る。気持ちに余裕がないのだ。

私はソウル五輪の失敗をへて次第に自分の身体はもちろん、心もコントロールできるようになっていた。

WGPシリーズに一人で参加する

一九八九年はソウル五輪の翌年ということで、大きな世界大会がない。そこで国内の二試合を終えた後、あらかじめ目をつけていたWGP（ワールド・グランプリ）シリーズへの参加を決めた。

WGPシリーズとは、一九八五年からIAAF（国際陸上競技連盟）が始めた賞金レースのことだ。

一九八九年のWGPシリーズは、ヨーロッパを中心に計一七試合ある。ポイント制で、各大会での一位は九点、二位七点、三位六点と続き、八位で一点が入る。

そして最終戦だけは、その倍のポイントが出る。

さらに世界新だと六点、世界タイには三点が別途与えられることになっている。最終的にはポイントの高い五試合だけを選んで、その合計ポイントで争われる。ようはより高いパフォーマンスをした五試合で、最高ポイントを出せばWGPの総合優勝をものにできる。最低でも五試合以上出れば良い。

このWGPシリーズに参加した日本人は、それまで一人もいなかった。ましてや各試合はもちろん、総合優勝した日本人は皆無だ。

それだけではない。

WGPで勝てば、賞金が出る。

優勝すると一試合あたり一万ドル、二位で八〇〇〇ドル、三位でも六〇〇〇ドルが出る。年間総合一位は二万五〇〇〇ドル（八九年当時、一ドル＝一四〇円前後）、二位は一万五〇〇〇ドル、三位は一万ドルがそこにプラスされる。これは単にIAAFが決めた額であって、試合ごとにさらに別途、報酬が出る。

当時の陸上選手はアマチュアが基本だったので、試合に出るだけでは生活できない。世界トップになるまでは、逆に参加費を取られるくらいだ。そのため、陸上選手のほとんどは企業に所属し、スポンサーに付いてもらう必要があった。

しかしWGPやスーパー陸上などの国際商業試合では賞金が出る。これに参加しない手はない。オリンピックは駄目でも、このWGPで総合優勝すれば、名実ともに世界トップと認めてもらえることになる。

この賞金のことはＪＡＡＦ（日本陸上競技連盟）には黙っておいた。ソウル五輪前にテレビＣＭに出演したとき、出演料の大半をＪＡＡＦが勝手に徴収してしまったからだ。私は一万円ほどしかもらっていない。

その後、日本で招待試合があって私も出たのだが、ＪＡＡＦは「賞金ははずんでおいたから」と言って、払われたのはたった二万五〇〇〇円。外国人にはその一〇倍以上は出している。

ＪＡＡＦは、選手たちにとっては、ただの「金盗《かねと》り組織」だと、私は最初から決めつけていた。

なぜなら、頑張っているのはＪＡＡＦではなく、それぞれの選手たちだからだ。ＷＧＰへの参加は個人での申し込みだし、ＪＡＡＦが何かしてくれるわけでもない。馬鹿正直に賞金のことを申告したりしたら、彼らは賞金のほとんどを持っていってしまうだろう。

ＷＧＰシリーズに日本人が出たことはないので、ＪＡＡＦもこの賞金についてはよく知らない。これは一九八九年当時、まだプロの陸上選手が日本にいなかったためで、その後、マラソンの有森裕子《ありもりゆうこ》らが「プロ宣言」するまで、このＪＡＡＦによる横暴は続くことになる。地獄のようなトレーニングに耐え、試合で実際に投げているのは私なのに、その報酬をＪＡＡＦに持っていかれるのだけはご免だ。

とりあえず通訳を通して勝手にＩＡＡＦに連絡し、参加の意向を伝えた。

やがて試合スケジュールが届いた。どの試合に出るのか、あらかじめ日程を決めておく必要があるので、英文と取っ組み合いをしながら、綿密に検討しなければならない。

そして検討した結果、第一戦だけアメリカでやることがわかったので、とりあえずここから参戦することに決めた。あとは全てヨーロッパでの試合だ。

総合的には、アメリカを含めた七試合に出場することに決めた。遠いヨーロッパでの転戦に出場する数は、それが限界だろう。このうちの五試合で、一位か二位になればいいわけだ。

自己ベストとは、己の本当の意味での限界のことである

試合に出るからには順位も重要だが、陸上が他の競技と違うのは、世界大会での優勝の他に「記録」も重要な点だ。

私の目標も、いつも自己ベストを出すことにある。WGPシリーズや世界大会での優勝は、あくまでそこから派生した結果でしかない。そして私のいう自己ベストとは、己の本当の意味での限界のことである。それは同時に、陸上投擲界では日本人初となる世界記録を投げることへとつながる。

私は常々「自分はやり投げのプロだ」と自任しているのだが、記録を意識する点では、やはりアマチュアなのだ。世界記録さえ出せれば、体はどうなってもいいと考えているからだ。これはアマチュアの考え方で、プロではない。

プロは良い記録を、長く出す必要がある。例えば日本選手権の一〇連覇や、オリンピッ

ク入賞となれば、スポンサーとなってくれている企業が生活を保障してくれるかもしれないし、どこかの大学から指導者として声がかかるかもしれない。

しかし、私にとって、そんなことは眼中にない。

そんな生活の試算などしていたら、日本人がやり投げで世界記録を出すことはできない。投擲競技をするということは、ただでさえ不利な日本人の体に、さらに途方もない、想像を絶するストレスをかけることを意味するのだ。

そこに賭《か》けるのと、プロとして長く生きるのとは、正反対の生き方だ。つまりプロとして賞金シリーズを転戦すること、そして自分の体を賭けて世界記録を狙うことは、実は非常に矛盾しているのだ。

しかしやり投げ、いや陸上競技そのものが、実は矛盾した競技なのだ。例えば試合結果が良くなくても、もし世界記録を一発決めれば、それだけで歴史に名を残せるのが陸上競技だ。

やり投げではウベ・ホーンがそうだ。人類初となる一〇〇m超えという記録を出し、やりの規格が変更されることで歴史にその名を遺《のこ》したが、そのウベ・ホーンでさえ、国際試合ではほとんど無名だ。ましてやオリンピックでは、メダルさえ獲《と》っていない。

ではWGPに出るのは意味がないかといえば、単純にそうとも言えない。

なぜなら、WGPの優勝記録はだいたい八三mラインになる。この八三mラインをコンスタントに投げるということは、同時に、八七m六六の世界記録更新を狙えるだけの実力を、その選手が備えていることにもなるからだ。

逆にオリンピックで金メダルを獲っても、世界記録か、それに次ぐ記録を出さない選手は、国際的には評価されない。そこが陸上競技の複雑なところだ。どちらにしても、私にとってこのWGPシリーズへの参戦は、世界記録への一つの過程になるだろう。

「一瞬に賭ける」という言葉がある。

この言葉の本当の意味は、実際に多くの一瞬をへたうえで、さらに他の誰も達したことのない高みにある〝一瞬〟に賭けることにある。誰も達したことのない高みに達することができた者だけが、唯一その「一瞬に賭ける」ことが許されるのだ。

この欧米での連戦、トップ争いに私の体が耐えられるのは、自分の生涯で一シーズンか、せいぜい二シーズンくらいだろう。どこまで肩が、そして体がもつかはわからない。しかし出るからには、絶対に勝ちにいくつもりだった。

最初で最後の会話

WGPシリーズへの参加を表明した後、国内最後の試合として、五月一四日の東京国際陸上に出場することになった。

ＪＡＡＦから出場料が出る賞金大会なので、カール・ルイスらスター選手が日本にやってくる。何度も言うが、私は二万五〇〇〇円しかもらっていない。ケチな招待大会だが、本番はあくまでＷＧＰだから、我慢して出ることにした。

短距離にはカール・ルイスなど、有名選手がたくさん出ていた。やり投げでは、世界記録保持者のゼレズニーが出る。日本で行われることもあり、負けられない試合だ。

「ようやくゼレズニーと、まともに一騎打ちできるところまで来たか」

そういう思いと、「もう一度、自己ベストの八五mを投げられるか」という不安が交互に出てきた。正直言うと、ゼレズニーと日本で試合するのは怖い。ソウル五輪の悪夢が、蘇《よみがえ》るような気がしてならないのだ。

当日は曇天だった。

コール（試合前の点呼）が終わってグラウンドに出て準備をしていると、ふと、ゼレズニーがスパイクを替えてきたのが目に入った。左はハイカットで、右がロウのスパイクだ。左右のスパイクの色が違うので、特注で作るのが間に合わず、とりあえず別々のシューズを購入したのだろう。

「世界記録もってるクセに、オレの真似しやがって」

私も単純なので、そう思うと心理的に有利な気になってきた。さっきまで試合に出るのも怖かったのが、スパイクを見た途端に負ける気がしなくなった。左右違うスパイクを〝発明〟した者として、これは負けるわけにはいかない。

予想通り、試合はゼレズニーとの投げ合いになった。

一投目、短助からの八〇m四四で私がトップに立つ。しかし三投目、ゼレズニーに八一m六二を投げられ、逆転された。

とにかく、今日は風が強い。

ただでさえ新規格になってからストンと落ちるようになったのに、追い風になったり向かい風になったりと、気流が安定しないからやりの飛距離が伸びない。そのため記録が低調になるのは仕方ないが、ゼレズニーも、強い風に苦戦を強いられているようだ。

四、五投目は、頭がカッカしてしまい、スピードを上げすぎてファウルしてしまった。次の試技順がくるまで気持ちを落ち着け、コースの外で慎重にクロスからラストへの入りを確認した。

次のラスト六投目で八一m以上投げなければ、そのまま負けてしまうのだから、失敗は許されない。

そしてラスト、六投目。

全助から一気にスピードに乗り、クロスからフィニッシュへと強引にもっていった。ガンッという強烈なブロックの衝撃に、背骨と肩の骨が悲鳴を上げ、思わず「ウッ」と息がもれる。

八三m五二。

再び、トップに立った。上空の気流さえ安定していたら、八五mくらいは出ていただろうという感触があった。

ゼレズニーはそれを見て焦ったのか、六投目はファウルに終わり、そのまま私の優勝が決まった。

この試合で、私は完全に自信を取り戻せた。

グラウンドから引き揚げると、控室でゼレズニーが苦しそうにしゃがんでいた。どこかを痛めたらしい。私はゼレズニーの背中を手でポンッと叩いた。彼は私を見て笑顔になった。

ちょうど近くにいた日本人トレーナーが通訳をかって出てくれた。

「どこか痛めたのか」

「ちょっと腰を痛めてね」

「今年はＷＧＰには出ないのか」

「今年は無理だろう。ソウルまで随分、無理をしたから。君は出るのか」

「そうするつもりだ」

「昨年よりも力みが少ないのに、すごくスピードが出るようになったね」

「クロスからの入りを変えたからな」

「凄《すご》く良くなってるよ。ＷＧＰでは、イギリスのバックリーという若い選手が出るから、きっと君との投げ合いになるだろう」

「そうか……」

ゼレズニーとは、それが最初で最後の会話となった。

移動、食事、睡眠。国際大会の難しさ

一九八九年五月二七日、ブルース・ジェンナー・クラシックは、アメリカの西海岸にあるサンノゼのスタジアムで開かれる。WGPシリーズの初戦だ。

大阪の伊丹《いたみ》空港では、出発前に二杯のカレーを食べてから、ユナイテッド八一〇便に乗り込んだ。飛行機は約一時間遅れで離陸したが、そこからはアスピリンを飲んでひたすら寝て過ごした。飛行機が苦手だから、とにかく寝るしかない。眠れないが、そこを無理して寝るのだ。

機内では食事が出たときだけ起きて、あとはアスピリンとコーラで乗り切るのが、国際線ではいつものことだった。

コーラだけで一〇杯は飲んだ。私は飛行機に乗ると頭痛がひどいので、カフェインをとって、少しでも頭痛を和らげようと思ったのだ。あとはウォークマンで音楽を聴きながら、ひたすら目をつぶる。まったく眠れないが、頭痛は多少やわらぐ。

音楽も、これといって変わったものを聴くわけではない。このときは長渕剛《ながぶちつよし》の「昭和」を聴いていたが、べつに長渕剛が好きなわけではない。そのとき耳にして、良いと思ったものを聴くだけだ。

だから私の私生活ほど、面白くないものはないだろう。趣味も何もないからだ。

五月二二日、現地時間の午前一一時三〇分。ようやくサンフランシスコ国際空港に着い

た。

日本では、四月に八五m二二の自己新（当時日本・アジア記録）を出して好調だったのだが、一〇時間のフライトで、シスコに着いたときは体がガタガタになってしまった。とにかくこの五日間の調整で少しでも調子を戻さなくてはならない。

サンノゼのあるカルフォルニアには、思い出深いロスがある。

今から五年前、一九八四年に開かれたロサンゼルス五輪で、私は七四m八二という平凡な記録で予選落ちになった。

このときの自己ベストは八二m程度だったので、順当に投げれば入賞できていたのだが、まだ大学を出たばかりで二二歳だった私は、実力を出し切れずに終わってしまったのだ。

そんな苦い思い出のあるカルフォルニアの地で、初戦を迎えるのも悪くはない。

サンフランシスコの空港には、大会関係者が迎えにきてくれていて、彼らの車でサンフランシスコの南、約六〇kmにあるサンノゼの、ＩＡＡＦが指定しているホテルまで送ってもらった。

ホテルは当初、予定されていた「レッドライオン・ホテル」ではなく、「ホリデイ・イン」に変更されていた。私の所属先ゴールドウイン社から帯同してきているトレーナーの村木《むらき》さんは、日本からの連絡先が変わってしまうというので慌てていた。

私も以前までは、こうしたちょっとしたことでも反応するほど神経質だったが、ソウル五輪後は、何それも試合のアクシデントの一部だと思って、過剰に反応しないようにしていた。ちゃんとしたホテルだったら、どこでもいい。

部屋は、村木さんと同室のツインルームだ。村木さんは外へ行ってサンノゼの雰囲気を楽しんでいたようだが、私は飛行機の移動でヘトヘトになっていたので、食事を少し摂《と》ると、服を着たままベッドに入って眠った。村木さんは「寝てばかりいるなあ」と言っていたが、「試合の調整のために寝ている」と説明するのも面倒だったので何も反論しなかった。

サンノゼのホテルに入ったのは、試合の行われる五日前だった。

国際試合では、いつも五日前には現地に入る。時差ボケを治すためだ。

調整トレーニング以外は、とにかく横になって寝るようにした。私のコンディションを心配した村木さんが「調子悪いのか」と訊《たず》ねてきたが、私は説明するのが面倒なので「時差ボケや。眠い」とだけ言って、街を歩くこともせず寝させてもらった。

調整以外は起きていてもしょうがないし、観光にはまったく興味がない。私が国際試合のときにずっと寝ているのは、試合前日に緊張してほとんど眠れなくても済むようにするためだ。

国際試合で不便なのは、食事だ。

この頃はまだ、アメリカといっても日本食はそうおいしくなかったのと、探すのが面倒だったので、海外に出ると必ずマクドナルドを探すようにしていた。これだと味はそう変わらないからだ。お腹をこわすリスクも減らせる。海外遠征のときは贅沢《ぜいたく》も言っていられない。旨《うま》い飯を食うために来たのではないのだ。ここには、自分の一生を賭けて闘うために来たのだ。

さいわい、滞在二日目に練習先であったサンノゼシティ・カレッジで体育教師をしている日系二世のサム・ナカソさんから、近くの旨い日本食レストランをいくつか紹介してもらったので助かった。やはりカルフォルニアでは寿司《すし》バーが旨い。

前日の調整のとき、ゆっくりした確認動作だけで六〇ｍも飛距離が出た。「これでいける」と確信した。調整でこれだけ飛距離が出るのだから、試合当日は良い記録が出ることだろう。

こうして、日本人初となるＷＧＰシリーズの初戦が始まった。

タオルの重さを意識する

サンノゼの当日は、朝五時には起きた。

ほとんど眠れなかったが、トレーニング以外はずっと横になっていたから、時差ボケはもう大丈夫だろう。

今日は午後一時から試技開始だから、あらかじめこの時間に起きると決めておいた。

試合当日は、何も食べない。

もともと食が細い方だが、食べると体の動きが鈍くなるので、水分と缶コーヒー二、三本を飲むくらいに止める。

缶コーヒーを飲むのは、最低限の糖分を取り入れるためだ。しかしアメリカには、今はどうか知らないが、なぜか缶コーヒーがない。以前にアメリカの試合に出たときにそのことを知っていたので、日本から缶コーヒーを数本持参してきていた。タバコも現地で調達するのが面倒なのと、味も良くないので日本からマイルドセブンを持参していた。

試技開始の三時間前には会場入りだ。

コールは一時間前だから、その三〇分前からアップを始める。

例によって、ジョッグは少しだけ。いくら陸上競技だからといって、試合前のアップで何分もかけて走る方がどうかしている。試合当日は、ジョッグよりもより実戦に近い助走練習の方を優先させるべきだ。

最初はゆっくりしたスピードで始めて、徐々にスピードを上げていく。最後の二、三本は全速力ちかくで助走するが、やりの代わりにタオルを持っている。やりは重量と重心を量るための検定に出されて手元にはないからだ。いつも念のために三本のやりを検定に出している。

そのためにタオルを持って助走練習するのだが、もし実際にアップのときにやりがそこにあったとしても、持つことはないだろう。

なぜなら、アップする場所は大抵サブ・グラウンドだから、試合会場に移動するまで二〇～三〇分はかかる。この時間を考えると、やりを持つ意味がないのだ。アップで本物のやりを一度持った後、移動で少しでも時間が経ってしまうと、もう感覚がおかしくなってしまうのだ。一〇分、二〇分と時間が経つにつれ、やりを持ったときの感覚が鈍くなってしまう。だからアップはタオルで十分なのだ。

このとき重要なのは、タオルの重さを意識することだ。調整がうまくいっているときは、タオルの重さを感じることができる。そして実際に試技が始まってから、その手に初めて八〇〇gのやりを持つと、はっきりとやりの重量を感じることができるようになっている。やりを重く感じれば感じるほど、力まかせにぶん投げることができる。しかしそれを「軽い」と感じてしまうと、途端に飛ばなくなる。だから試合当日にやりが軽く感じたら、私にとってそれは調整の失敗を意味している。

アップが終わり、サブ・グラウンドから移動するとき、例によって二、三本のタバコで一服する。日本では批判されるが、国際試合にそんな無粋な奴はいない。だから気分良く試合に挑める。

本番の競技場に入って、ここでようやく実際にやりを持つ。試技前には、実際に「ピット」と呼ばれる助走路を走って二、三本程度投げる練習が許されている。

私はいつも「事前に投げるのは二本だけ」と決めている。

このときの助走は全助に近い。そしてラストだけ、ふっと力を抜く。助走からクロス・ステップ、ガンッという左足のブロック動作までは全力でやるが、あとは力を抜くのである。

いつものように動作を確認しながら投げてみると、一本目から七〇ｍラインを越えた。こんなことは滅多にないので、自分でも驚いた。前日の短助での軽い投げで六〇ｍ、試合当日の試投で七〇ｍと、順々に記録が伸びている。試合調整はうまくいっているようだ。

試合開始

午後一時三〇分を過ぎた頃、ようやく試合が始まった。

私はこの大会の記録保持者なので、試技順は最後だ。実は一昨年、オープン参加でサンノゼのこの大会に出ていた。このときはまだＷＧＰのことは念頭にはないが、意識していなかったと言ったら嘘になるだろう。

いつも一、二投目までは短助で確実に記録を残すので、今回もそうしようと思った。やり投げは三投目まででベスト八を決め、そこからは上位八人のみが残り三投まで投げることが許される。だからはじめの三投で、ある程度の記録を残しておかなくてはならない。オリンピックなどの大きな世界大会では、前日までに三投だけの予選もある。だから一、二投目で、いつもベスト八に残る記録を確実に残しておく必要がある。

ただ、このサンノゼのブルース・ジェンナー・クラシックは、ＷＧＰシリーズの開幕戦なのだが、出場者のほとんどはアメリカ人で、ちょうど八人しかいない。だからべつにベスト八を意識する必要はないが、いつも通りでいくことにした。

この大会に、参加者が少ない理由は簡単だ。

当時、WGPシリーズの九〇％以上は、陸上人気が高いヨーロッパで開かれていた。だから地元ヨーロッパの連中は、初戦とはいえ、わざわざ時差のあるアメリカくんだりまで行かなくても、地元の試合から参加すれば良いというわけだ。どちらにしても、日本人にとって不利な条件に変わりはない。

しかし、そこが私の狙いだった。

強豪のヨーロッパ勢が出ないだけに、このWGPシリーズ初戦は、確実に一位をものにできる数少ない試合だ。

世界記録保持者ヤン・ゼレズニーが出ないことで、ガッカリするほど私は甘くない。試合に出るからには、絶対に一位を獲らなければならない。だからライバルの欠場は、どちらかといえば歓迎すべきものだ。それくらい冷徹でないと、日本人が投擲でWGPシリーズの年間トップに立つことはできない。

とはいえ、実のところは参加してから初めて、出場選手が少ないということを知った。WGPシリーズに挑戦する日本人は私が初めてなのだから、参加選手の情報を日本で得ることはできない。だから今回もサンノゼに来て、大会パンフレットを見て初めて参加者数を知った。ただ日本にいる段階で、多分サンノゼまで来るヨーロッパ人はいないだろうと推測していただけに過ぎない。

やりを持ち、ピット近くで次の投擲順を待っていると、強い風が右前方から吹いた。胸につけたゼッケンが、風にあおられ激しく波打つ。

右前方からの風はアップのときから確認していたが、風というのは気まぐれだから、実際にピットに立ってみないとわからない。しかしこの日の風は変わらず、右前方から吹いていた。

そこが大陸アメリカらしい。ここがもし日本だったら、時間とともに風向きはあちこちに変わっていることだろう。しかし大陸性気候がもたらす風はわりと単純なので、そう頻繁に変わるものではない。

私は力まかせに投げるからか、向かい風の方がよく飛んだ。やりを手から離してからは風まかせなので、今日の強い向かい風に乗せれば、うまく飛んでいってくれるだろう。

やがて私の試技順がきた。

ピットに立つと、観衆たちから拍手が起こった。アナウンスが「カズヒロ・ミゾグチ……」と、私の投擲順がまわってきたことを知らせたからだ。私は一昨年、このサンノゼで八四m一四の大会新を投げているから、これも同時にアナウンスしたのだろう。

私の英語は片言で聞き取りもあまりできないから、観客が何を言っているのかわからない。だから試合に集中できるので、外国の試合の方が好きだ。

一投目。短助なのでスピードは出ないが、ラストは全力で投げに行った。

記録は、八〇m二四。一投目としては順当な記録だ。試合を盛り上げようとしてか、観客から歓声が沸く。

これであとの投擲は、全力を傾けることができる。

二投目からは全助に切り替えた。

記録は、八四m八二。いきなり大会新記録が出たので、さらに大きな歓声が上がる。これでほぼ優勝を確実なものにできたと確信した。

出場選手で、現時点で八〇mを超えたのは一人だけだったから、プロとしてなら、この時点で残りの投擲を棄権するべきだ。これからヨーロッパを転戦するのだから、そのために肩や肘を温存しておく必要がある。

しかし、この次の投擲こそ、「本当の一瞬」になるのかもしれない。

その只中《ただなか》にある私自身には、いつその「一瞬」が訪れるのかわからない。だから肘や肩を破壊することになるかもしれないが、投げないわけにはいかない。これがやり投げの因果なところだ。

それに八四mが出た二投目には、まだ修正すべき点が残っていた。そもそもこの日の投げには、ちょっとおかしな点があった。クロス・ステップがとても速いのだ。

二投目を終えると、トレーナーの村木さんが柵《さく》の外から「溝口さん、調子良さそうですね」と声を掛けてきた。

「でもちょっと、いつもよりクロスが速い」

「そうですね。でも溝口さんのクロスは、世界一速いからな」

「もう少し調整してみる。今日は記録が出るかもしれんから」

やはり傍《はた》から見ても、助走とクロスが速いようだ。今までこれだけの速度でクロスをした経験がなかったので、フィニッシュのときに一瞬、やり先がブレてしまったのだ。

今日のように風の強い日は、特にこのやり先のコントロールが難しい。この向かい風の中では、「やりで筒を抜く」くらい、細心の注意をはらってやり先を調整する必要がある。

やりは通常、投げる直前には斜め上に構えているのだが、向かい風の場合はやり先を少し下げ気味にする。逆に無風の場合は少し上向きにする。これは全て、投げる瞬間に決まる。

一投目の短助のときは感じなかったのだが、全助に変えると、フィニッシュがブレたというのに、八四mの好記録が出た。このスピードのまま、フィニッシュのやり先のブレをコントロールできれば、今季初戦、日本で出した八五m二二の自己ベストは超えられるはずだ。

そして、三投目。

しかし、これは駄目だった。八〇mの手前にやりが刺さったので、わざとファウル・ラインを踏んで記録なしにする。

三投目は、やはり今までにない速いクロスの影響で、フィニッシュのとき、ブロックした左足を着くタイミングが微妙にズレてしまった。フィニッシュ時の左足の着地が早すぎる、いわゆる「投げ急ぎ」というやつだ。記録を意識し過ぎて、クロスとフィニッシュのタイミングが合わなかったのだ。

しかしこの一投で、今日のクロスの速さ、フィニッシュのタイミングを体に覚えさせることができた。

きっと、残りの三投で修正できるだろう。

ピクニック気分で気楽に見に来ている陽気なアメリカの観客の雰囲気も良いし、天気も快晴、良い風も吹いている。おまけに言葉もわからないときている。

この好条件を逃す手はない。

運命の四投目

体を冷やさないように着ていた上着を脱いで、四投目のピットへと向かった。

左胸には、小さな日の丸のワッペンを着けている。

ピットに入ってやりを右肩にかつぎ、肩の関節をカチッと音がするくらい固定する。本当に「カチッ」という音がするわけではないが、私にはそう聞こえる。このとき肩が入るか入らないかで、その日の試合の記録がだいたい予想できるから、助走前の重要なルーティーンだ。

ピットに入って肩がキマると、すぐに助走に入る。そうしないと体の動きが止まってしまうからだ。

助走はもちろん、全力疾走。余計なことも考えなくてすむ。

もはやスピードを抑える必要などない。

イチかバチか、全速力で助走するのだ。

クロス・ステップを始める箇所には、ピットのすぐそばに白いテープを張ってマーキングしてある。この目印を視界の端に確認したら、すぐにクロスに入る。

クロス・ステップは五歩。

クロスに入っても、カッチリはまっている肩の固定は絶対に外さない。体を横に向けるだけだ。観客からはやりを後ろに引いているように見えるだろうが、実際の感覚はまったく違う。

投げたときにブレないよう、やり先は目の真横に付ける。

クロスで半身の姿勢になっても、猫背をキープしたままだ。

半身の姿勢になっているため、どうしてもスピードが落ちるが、できるだけこのスピードは殺したくない。重心を低くたもったままダダダッと走り抜けるイメージで、猫背を維持しながらガニ股気味にクロスしてピットを駆け抜ける。

そしてラスト・クロス。

全てのパワーを出し尽くすため、ラスト・クロスでも決して跳ばない。スクワット二三〇kg以上を挙げる右足で、跳びたいのをぐっとこらえたその瞬間、右足を思い切り、全力で前へ蹴りだす。

それとほぼ同時に、左足による完全なブロック。

助走からクロス、そしてラストの右足の全力の蹴りから生まれた推進力を、今度は左足一本で一瞬にして止めるのだ。上体が回転してしまわないよう、同時に左手に力を込め、左半身を完全に止めてしまう。

ガンッ、という強い衝撃が体にきた。

衝撃は、完全に踏みとどまった左足から体幹を抜け、上半身へと達する。しかし左半身もブロックしているため、衝撃は右肩へ伝わる。その衝撃で、助走前からはめていた右肩が初めて外れる。

前へ飛びだそうとしているやりの先を少し押さえ気味にして、ベンチプレス一九七・五kgの腕力でさらに押し出してやる。目の横に付けていたやり先はこのとき初めて、上空を向いて顔から離れる。強烈なブロックの衝撃に、右肩は破壊されそうになって悲鳴をあげるが、つぶれたって構うことはない。やりが手を離れるまで、決して力を抜いてはならない。

バンッ、という音にもならない音をたてて、やりは空中へと投げ出された。やりを振り切った右手は、その勢いで左足の前までくる。

投げた瞬間、精一杯ためていた息が「ウッ」ともれた。身体全体がバラバラになると錯覚するかのような衝撃だ。

投げたやりの軌跡を見る余裕はない。ファウル・ラインで絶対に止まらなくてはならないからだ。視線はやりを離れ、今度はファウル・ラインを注視する。

「まずいッ」と思った。

クロスが速すぎたので、左足が一足長、つまり足のサイズ一つ分だけ前に着地していたのだ。いつもファウル・ラインから二m以上手前で投げるようにしているが、助走からクロスがあまりに速かった分、リバース（投擲後の動作）が追いつかない。

一旦《いったん》は投擲方向へと伸びきった体の重心をぐっと低くし、左足を追いこしてきた右足のスパイクをガッとタータン（ゴム製の地面）に嚙《か》ませてブレーキをかけるが、体はまだ惰性で、前へ前へと引っ張られる。今度は左足のスパイクをタータンに嚙ませる。最後の左足は、何とかファウル・ライン手前二cmほどで踏みとどまった。

そこで初めて、締めていたあごを上げ、やりの軌跡を追った。

高く上がったやりは、右前方からの風に乗り、そのまま頂点へ達すると、空中を滑るように斜めに落下し、そのまま鮮やかな緑色の芝生へと、浅く突き刺さった。

全てのタイミングが合った。

観客がドッと沸いた。

「八六mくらいは、いったかな」と思った。

やりが着地する前にピットから出ると失格になるので、やりが着地したのを見届けてから、ピット横から外へ出る。ファウル・ラインに座っていた審判が、ノー・ファウルの白旗を挙げた。

ジャージの上着をはおり、次の投擲に備えて、体を冷やさないようにした。やがて計測結果が出た。

「エイティーセブン、シックス・エイトッ」

八七m六八。

「NEW WORLD RECORD!」

興奮して叫ぶ場内アナウンス。

従来の世界記録は八七m六六だから、二cmの記録更新となる。

観客は騒然、他の選手が「コングラッチュレイションッ」と、ぞくぞくと笑顔で握手を求めに来る。あまりの騒ぎで一瞬、何が起きたかわからなかった。とにかく途方もない記録が出たことだけはわかった。

もう一度記録を確かめると、八七m六八だ。

まぎれもない世界新記録だった。

私はついに、究極の「一瞬」を捉《とら》えたのだ。

世界新は幻となった

大騒ぎになっているグラウンドをよそに、計測員たちが集まって何か相談を始めた。どうも様子がおかしい。しきりに首をかしげている。

やがて世界新記録ということで、再計測が行われることになった。

ビニール製の安価なメジャーを思い切り引っ張っての再計測を、私だけでなく、選手や観客たちも落ち着かない思いで見守っていた。

そして二度にわたる計測の結果、最終発表は八七m六〇となった。

つまり、記録は当初の発表より八cmも短くなってしまい、世界記録ではなくなってしまったのだ。

「そんな馬鹿なッ、これでは世界記録に六cm足りない」

トレーナーの村木さんが柵を越えて走ってきた。

「溝口さん、あれは絶対に世界新ですよ。計測員がおかしい。抗議しましょう。世界記録をあんな安物のメジャーで測りやがって」

そこで村木さんと一緒に、計測員に日本語で、「これはおかしいのではないか」と文句を言ったが、メジャー係の男は無視するだけだ。日本語は通じないだろうが、私の言わんとしていることはわかっているはずだ。

村木さんがさらに英語で抗議したが、白人の計測員は無表情で無視を決め込んでいる。それを見て「これはアカン」と思った私は、村木さんを制してベンチに戻った。

「あんな測り方ってありますかッ。絶対にあれはおかしい」

村木さんの気持ちは嬉《うれ》しかったが、私はもう気持ちを入れ替えていた。

冷静に考えると、いくら安物のメジャーを引っ張ったとして、それで八cmも縮むわけがない。おそらく芝生にいた計測員が、再計測のとき、故意に着地点をわずかか手前にずらしたのだ。

アメリカ人は、たまにこういうことをする。これが記録に厳格なイギリス、またはアジア各国や日本だったら、話はまた違っていただろう。

そのうえ元々、このサンノゼの競技場はマウントが高い。一般の選手にはわからないかもしれないが、ピットから見ると、やりの着地点辺りが二〇cmほど盛り上がっているのだ。これが平地のグラウンドだったら、さらに記録は伸びていただろう。

しかし「やり投げ屋」は、どこへ行こうが、どんな条件でも投げなければならない。そしてその記録は、受け止めなければならない。

なおも抗議に行こうとする村木さんに、私は言った。

「まあ、こんなものでええかッ」

「えッ」と驚いた顔で、村木さんは私を見た。

間近で計測を見ていたのだから、私だって計測員が不正をしていることくらいはわかっていた。腹が立たない、といえば嘘になる。しかし私には、まだこれ以上の記録を出す自信があった。

私が賭けるべき一瞬は、ここではなかったのだ。

まだこの先にあるのだと。

どちらにしても、向こうがその気なら、こっちはその記録をさらに大幅に伸ばせばいいだけのことだ。たった八cmの差について、アメリカ人とあれこれ争うのは、私の流儀ではない。

気を取り直して五投目にも挑戦したが、再計測のため二〇分以上も中断していたことで、腿が上がらなくなってしまい、これは七八m五八と駄目だった。私の悪いクセで、大きな記録が出るとやる気が失《う》せるのだ。今日はそれ以上の記録は出ないと感覚でわかるのだろう。

しかし試技を終えたあと、さらに彼らはとんでもないことをしてきた。

二投目に投げた八四m八二の大会新記録が、八一m八二に書きかえられていたのだ。アナウンスでも八四mオーバーと聞いていたし、それは会場にいた全員も聞いていたはずだ。私の投げた感覚からいっても、八四mは確実に超えていた。一旦出た記録を、後で書きかえるのは明らかにおかしい。

世界記録には諦《あきら》めがついていたが、これにははっきりと抗議した。この日の最高記録が八七mなのだから、二投目の記録なんかどうでもいいのではないかと人は思うかもしれない。しかし、これだけは譲れなかった。記録は全て、私の足跡そのものだからだ。

しかし白人の記録係は「いや、これで合っている」の一点張りだ。

「こら、アカン。もう行こうや」

私が呆《あき》れて言うと、

「なんて奴らだ……」

と村木さんが吐き捨てるように言った。

アメリカン・ドリームと口では言っておきながら、アメリカ人はこうして平気で外国人の足を引っ張る。こんな低レヴェルな奴らとこれ以上、関わりたくなかった。

憮然《ぶぜん》としたままベンチで着替えをバッグに詰めて、さっさと競技場を出ようとした時だ。興奮した観客が柵を越えて、次々とサインや写真を求めて私のもとに殺到してきた。

私は嬉しかった。何より観客たちそれぞれが、計測員と私たちのトラブルを見た上で、私の実力をよくわかってくれていたのだ。

疑問の多い試合だったが、自己ベスト更新でWGP初戦を優勝することができたではないかと、思い直すことにした。彼らの求めに応じてサインし、好き勝手に写真を撮らせた。言葉のわかる日本ではいつもサインも写真も断るのだが、ここにいる観客たちが、今日の試合を見て感動してくれている。わかってくれているのだと思うと気分が良くなった。競技場に立ちながら、私は自然と笑顔になっていた。

やがてアメリカ人の新聞記者たちがやって来て、英語でしきりに話しかけてくる。他国の新聞記者たちも集まってきたので、グラウンドで即席の記者会見となった。通訳はトレーナーの村木さんに頼んだ。

「今日は風が強かったが、コンディションが良かったのか」

「それもあるけど、今は『どんな天候であってもそれを受け入れて投げる』という気持ちだから、風はそう気にならなかった。昨年までだったら、これだけ風が強いと『もうやめたッ』と思っただろう」

そう言うと、記者たちからドッと笑いが起こった。

「二年前にも大会記録を投げているが、今回も更新を狙っていたのか」

「それよりも、これがWGP初戦なのでまず優勝したい、恥ずかしくない記録を出したいと思っていただけだ」

「それにしては、すごい記録だ」

「八四mを投げた時点で、八七くらいは出るかもしれないとは思っていたけど、べつに世界記録を意識していたわけではない。逆にそれが良かったのだろう」

「世界記録にあと六㎝、悔しいとは思わなかったか」

「六㎝は、六㎝。『どうしても出すぞ』という気持ちとかはべつにない。やりは、飛ぶときは飛ぶものだ」

「非常に冷静に見えるが」

「自然体で、何も考えないようにしている。どの試合に、どんな選手が出てこようが、今は自分一人で投げている感じだ」

「以前の、鬼気迫る感じが消えたようだが」

「それは多分、昨年のソウル五輪で負けてから、気負いとか、そういうのがなくなったからだと思う」

「今年は東京で世界選手権がある。三年後にはバルセロナ五輪があるが、そこでの目標は？」

「よし、目指すぞッていうのはない。今年は今年、来年は来年。そのときのコンディション次第だ」

するとと最後に、一人のアメリカ人記者からこう言われた。

「くそったれめッ。この試合がサンノゼじゃなかったら、絶対に世界新記録だったぞッ」

その新聞記者は、サンノゼの人種差別の激しさをしきりに非難していた。トレーナーの村木さんも、それを訳しながら憮然としている。

気持ちは嬉しいが、もう終わったことだ。向こうが差別してくるのだったら、勝手にさせておけばいい。こっちは他の国で、さらに大幅に記録を塗り替えれば良いだけのことだ。

しかし、もしソウル五輪でメダルを取っていたら、私はそのまま現役を引退していただろう。この「幻の世界記録」は出せなかっただろう。ソウルで敗北して、あれだけ苦しんだのが、この記録に結び付いたのだ。

もともとサンノゼに来たときから、私には貪欲《どんよく》さが欠けていたのかもしれない。何か悟りをひらいたかのような気分だった。世界記録ではなく、ただ自己ベストの更新だけを考えていた。それが世界記録へとつながっていくかもしれないし、そうでないかもしれない。

ただ、それだけのことではないか。

記憶に残り続けるトレーニング

その夜は、祝勝会を兼ねて地元の寿司屋に行った。

そこで日本人オーナーが酒を振る舞ってくれたというのだが、その記憶がない。ビールで乾杯したところまでは覚えているが、その後の記憶がすっぽりと抜けてしまっている。自分の出た全試合の記録については、六投すべてにわたって細かく覚えているが、やり投げ以外のことについては、興味がないのか、ほとんど記憶がない。

サンノゼのブルース・ジェンナーが終わった後、すでに次の試合のことを考えて軽く練習していた。連戦が続くWGPの場合、試合が終わったからといって、その日の練習を休むわけにはいかない。

試合の後、IAAFがサンノゼで用意してくれていた競技場のトレーニング室に一人で戻り、通常通りのウェイトをこなした。翌日には一旦、日本に戻るので、長時間のフライト中はトレーニングができなくなるということもある。機内では強制的に身動きできなくされるから、その前に体を動かしておく必要があるのだ。

この日、世界記録が出ていたら、もしかしたら、ちょっとは休養をとったかもしれない。しかしその理由はどうあれ、六cmの差で世界記録を逃したのだ。いつも自己ベストの更新が目標だとはいえ、世界新を誤魔化されたのだ。悔しくないといったら嘘になる。アメリカ、人種差別……。複雑な気持ちだった。好記録が出たという思いと、惜しかったという思いが激しく交錯する。だから自分を休ませようという気分には到底、なれなかった。

次の試合は四〇日後の七月三日、スウェーデンのストックホルム。この試合から本格的にヨーロッパに乗り込むことになる。

WGPシリーズはここから連戦になるから、早く日本へ帰って、気持ちを入れ替えてトレーニングし直さなくてはならない。記録のことはとりあえず考えないことにした。

八七mオーバーの投擲をした後の体は、肩、肘、腰など、あちこちに痛みが残っている。一八〇cm、九〇kgに満たない小さな体には、八五m以上の投擲は想像を超える負担がかかっているのだ。

寿司屋での晩餐《ばんさん》は覚えていないが、この日のトレーニングは覚えている。入念にマッサージする代わりに、私は一人、黙々とバーベルを挙げ続けた。

第五章　参戦

記録には二つしかない

サンノゼで出した八七m六〇という世界歴代二位の記録は、日本でも「大日本記録」などと騒がれた。あと二〇年は抜かれることがないだろうと……。相変わらずレヴェルが低いなと私は苦笑いした。

日本記録なんか、どうでもいい。

記録には二つしかない。

世界記録と、自己ベストだ。

自己ベストは選手本人には意味あることだが、日本記録など、外国では誰も知らない。

例えば隣国の、韓国や中国のやり投げ最高記録を知っている日本人がいったい何人いるだろうか。

だから日本記録など、何の役にも立たない。私の投げた八七mはアジア新記録にもなったが、ヨーロッパの連中でアジア記録を知っている奴はそういない。所詮《しょせん》、世界から見れば、アジア記録などその程度の認知度でしかないのだ。

サンノゼから一旦《いったん》日本に戻ると、取材が殺到したが全て断った。

トレーニング・パートナーの山本雅司《やまもとまさし》（現名古屋大谷《なごやおおたに》高校教員）と、北海道にアパートを借りて強化合宿を張った。これは涼しいところで連戦に備えたトレーニングをすることが目的だが、ついでにうるさいマスコミも避けることができる。

私の目的はただ最高のやり投げのパフォーマンスをすることであって、それをベラベラ喋《しゃべ》ったり、目の前で褒められることではない。ただし、所属しているゴールドウィン社にとっては宣伝になるから、「どうしても」と会社から頼まれたものだけは渋々、引き受けた。この年から給料も三倍になったから、これくらいは引き受けないと仕方ない。

私は「ようやく正当に評価されたか」と思った。「働かんと、練習してるだけで給料もらえてええな」というのが、社内の雰囲気だったからだ。私がどのようなトレーニングをしてきたのか、結果が出て、ようやく少しは理解してもらえたかという思いだった。

北海道での約一ヵ月の合宿を終えると、スウェーデンへと飛んだ。

第二戦　DNガラン・ストックホルム——運も結局は、その当人が引き寄せている

一九八九年七月三日、スウェーデン・ストックホルムのDNガラン戦からは、ナイターでの試合となる。

観客はその日の仕事を終えてから見に来るので、WGPのほとんどはナイターになる。日本の野球観戦と同じ感覚なのだろう。ストックホルムは緯度がかなり高いので、ナイターといっても遅くまで明るいし、夏でも涼しい。

それに快晴だ。夜になっても雲は出なかった。

風は多少感じるだけで、サンノゼほどは強く吹いていない。もともと私は「晴れ男」で、試合の日に雨が降ったのは高校の国体以来ない。

スタジアムは三万八〇〇〇人で、満員となった。

ヨーロッパは陸上競技の人気が高い。例えばデカスロン（一〇種競技）になると二日かけて試合があるので、それを追うだけでも大変だが、ヨーロッパでは観客も採点表をもって選手の成績をチェックして楽しんでいる。

投擲《とうてき》競技など、世界トップの試合はただ見ていても実際は面白いものだが、日本で注目されることはない。

ヨーロッパの陸上競技は二〇〇〇年以上の歴史をもつ。日本とはそうした歴史や文化が違いすぎるから、日本で人気がないのも仕方がない。特にやり投げは北欧では国技みたいなものだから、陸上競技の中でも人気が高い。

海外ではお馴染《なじ》みとなったマクドナルドでビッグマックを二個買って、公園のベンチに座って一人で食べていたら、通りがかりの人から「あなたはやり投げのミゾグチ選手でしょう？」と声を掛けられ、バツの悪い思いをした。こんなことは、日本以外ではなかったから、私もこのとき初めて北欧でのやり投げ人気を実感した。

試合当日、私がスタジアムに入ると、大観衆からの拍手で迎えられたので驚いた。これだけの観衆から歓迎されたのは初めてだったからだ。日本と違って何を言っているのかわからないこともあり、悪い気はしなかった。

人気の高いやり投げでアジア人初となる世界歴代二位、世界記録にあと六cmと迫ったことは、ヨーロッパの陸上界にかなりの衝撃をもって迎えられたのだ。

しかし、このDNガラン戦でも、ちょっとしたアクシデントがあった。

試合が始まってみると、私のやりだけがないのだ。

他の選手はすでに自分のやりを持って試技を始めているのに、私のやりだけが届いていない。こんなことは、今までなかった。

またサンノゼの再来かと、一瞬いやな予感がした。

しかし、気を取り直して「単にやりが検定を通らなかっただけだ」と思うようにした。外的な要因のせいにするのは、できるだけ止めていたからだ。今までの自分だったら、これだけでやる気をなくして試合にならなかっただろう。

それにしても三本も用意しているやりが、一本も検定を通らないことはあり得ないし、もしそうなったとしても、選手に通知がされるはずだ。おそらく単純ミスで、私のやりだけが横に置かれてしまったのだろう。やり投げの本場である北欧に来てまで、何らかの意図があったとは思いたくない。

私は、ソウルで一度、終わった男なのだ。人のせいにもしたくないし、やりのせいにもしたくない。すべて自分の責任だ。

とはいえ、投げるやりがなくては試合にならない。仕方がないので、どこの国の選手だったか、日本語で「ちょっと貸してくれんか」と声を掛けて、やりを借りることにした。みな二、三本のやりを持ちこんでいるのだから、一本くらい借りたってどうってことはない。

声を掛けられた選手は一瞬、ポカンとしていたが、事情がわかったのか「ＯＫ」といって快く貸してくれた。私が今季世界最高を投げているから、ついでに握手まで求められた。人が好《よ》いというか、ヨーロッパの選手には天真爛漫《らんまん》さを感じる。

ふと横を見ると、世界記録保持者のヤン・ゼレズニーが出ていた。腰を痛めていたと言っていたが、ヨーロッパ初戦なので一応、出場することにしたのだろう。

一八六cm、八六kgと、外国人選手にしては細身だが、技術は世界の中でも最高のものを持っている。特に足の着地の速さとタイミングは絶品だ。

それにしても、せっかくゼレズニーが出ているというのに、他人のやりを借りなくてはならないのは情けなかった。投げにくいし、やりも普段より重く感じる。

しかし、重く感じるということは悪いことではない。気を取り直して、いつもと同じように一投目は短助で、八〇m少しの記録を残した。

今回はサンノゼのように、のんびりした試合ではない。

世界記録保持者や、八五ｍくらいはいつでも投げられる世界トップの選手が出ているし、スタジアムは満員で盛り上がっている。一投目はどの選手も手堅く記録を残してくるから、二投目からが本当の勝負になる。

一投目を投げた後、世界記録保持者なので試技順が最後になるゼレズニーの動きを見ていると、一目で調子が悪いとわかった。彼の特徴である速い助走が効いていないし、フィニッシュもカクンッと抜けている。やはり故障が響いているのだろう。

無論これはWGPシリーズとしてはチャンスだが、怪我をしているゼレズニーに勝っても、喜びが半減するのは否めない。この点が私のアマチュアたる所以《ゆえん》なのかもしれない。

こういうとき、人は「運が良い」と言うかもしれない。しかし、運も結局は、その当人が引き寄せているのだ。昨年のソウルのどん底から這《は》い上がってみたら、ゼレズニーが怪我していた。ただそれだけの話だ。

予定通り、二投目からは全力で投げに行った。

八三m二六。

この二投目で、すでに勝負は決まったと思った。

他の選手は八一m台で足踏みしていたからだ。

今日はこれ以上の記録は出ないなと思ったのだが、念のために三投目を投げようとピットに入ると、観客から手拍子が始まってしまった。

普通は選手が求めて、手拍子が始まるものだが、やり投げは人気が高いこともあって、自然に手拍子が始まってしまったのだ。

私は集中力が削《そ》がれるのでこの手拍子が嫌いだったが、外国人から注目されて悪い気はしない。すでに優勝ラインの八三mを投げていたこともあり、観客へのサービスのつもりで調子に乗って、六投まで投げてしまった。

結局、私のやりがどこかへ行ってしまったアクシデントと、ゼレズニーの故障で自分としては少し盛り上がりに欠けたが、二投目の八三m二六で私が優勝した。

しかし世界記録保持者のゼレズニーと、世界歴代二位の私が投げ合ったこともあり、スタジアムは大いに盛り上がっていた。

ここで八三m台という記録だと、日本の報道では「平凡な記録」と言われるのだが、ソウルの優勝記録は八四m二八なのだ。八三m台の記録を、日本人がコンスタントに、しかも狙った試合で投げるのがどれだけ大変なことか。

このDNガラン戦の模様は、私が出ているということで日本でもテレビ放送されたが、そのとき日本人アナウンサーが「八三mという平凡な記録で……」と言っていたと聞いて、やっぱりなと苦笑いした。世界記録が八七mの時代に、八三mが平凡な記録だったら、どこからが平凡でないのか。「人がどんな思いして投げてんのか知ってるんか」と思った。マスコミの首を絞めたくなるが、相手にしてもしょうがないので、とにかく無視することにした。私がインタビュー嫌いなのは、このためだ。

実際、取材もせずに書いた嘘八百の記事がスポーツ新聞に掲載されたときなど、その当の記者を日本の国立競技場のグラウンドで見つけ、捕まえてヘッドロックをかけてやったが、マスコミは人の話で飯を食っているロクデナシのゴロツキばかりだ。こういう奴は、日本人とはいえ言葉は通じない。実力行使で制裁するに限る。

試合後の記者たちのインタビューで、この日、私がWGPシリーズのトップに立ったことを知らされ「へえ、トップか」と思った。まだ始まったばかりだったので、あまりポイントを意識していなかったのだ。しかしこのストックホルムのDNガラン戦で二勝目をあげ、私は初めてWGPシリーズ年間総合優勝を意識した。

試合を終えてホテルに戻ると、白人の若い女の子たちがロビーに押し掛けて「選手待ち」をしているのには驚いた。試合のパンフにサインをくれとせがんでくるし、でかい胸をわざとぐいぐい押しつけてくる。

そういえば昨日の夜も、ホテルの部屋にまで陸上ファンの女の子が押し掛けてきた。部屋の中にまで入ろうとするので、これには参った。私は試合の前は集中したいので、女は抱かない。もともと女はプロ専門と決めていることもある。

どちらにしても、試合前に、どこの誰だかわからないのを部屋に入れるわけにはいかないので、そのときはサインだけして追い出したが、試合が終わった後は遠慮はいらない。

第三戦　エジンバラ——ドーピングについて

DNガラン戦の翌日は、ベッドでの二戦目もあったので一睡もせずフラフラだったが、とりあえず午後の便でイギリス北部、スコットランドに飛んだ。中三日で、スコットランド第二の都市エジンバラ戦に出場するためだ。

中三日という日程で試合に出るのは初めてだったし、さすがにこれは苦戦が予想された。調整以外は、ひたすら眠る生活に戻った。

試合自体は、ナイターの方が投げやすい。車を走らせていると夜の方が速く感じるように、少し暗い方が助走スピードも速く感じるからだ。満員の会場も暗くてあまり見えないから集中もしやすい。

ゼレズニーは故障のため、やはり今回から欠場することになった。

代わりに出てきたのが、イギリスの新鋭スティーブ・バックリーだ。ゼレズニーが「注意しろ」と言っていた選手だ。

バックリーは地元に近いこのエジンバラから初参戦してきた。ゼレズニーから聞いてはいたが、その存在はこの時まで意識していなかった。前年の世界ジュニアは七五m四〇の記録で銀メダルを獲《と》っているが、この年から急激に成長したのだろう。

まだ二〇歳だが、とにかくでかいなというのが第一印象だ。

試合のパンフレットで確認すると、身長一九五cm、体重一〇二kgとある。技術と経験はないが、その恵まれた身体能力で強引に投げてくるタイプだろうことは予想できた。

こういうタイプには、負けたくない。

今回はやりも無事に検定を終えて、三本とも返ってきた。

しかし、ストックホルムからの連戦と、中三日が響いたのか、油断したわけではないのだが、八二m七〇という記録で、私はこのWGPシリーズで初めて、二位に終わった。

優勝はバックリーだ。

それまではあまり他の選手は意識しないでいこうと思っていたのだが、これからバックリーとの投げ合いになると思うと、初めて「絶対に負けられない」と思うようになった。

WGPシリーズは、ストックホルムからは連戦になるから、サンノゼ以上の記録はなかなか期待できない。だから勝負にこだわることにした。

それまで、先輩だった吉田雅美に対して「クソーッ」と思ったことはあるが、彼の記録を抜いてからは、ほとんど他の選手に対してそう思ったことはない。しかしバックリーの登場で、久しぶりに私の中の闘志が蘇《よみがえ》った。

WGPシリーズは、これからが本番なのだ。


エジンバラでは二位に終わったが、全力は尽くした。今日の反省点をあれこれ考えながら、選手控室に向かおうとすると、係員に止められた。書類を持って何か言ってくる。ピンときてトレーナーの村木さんに通訳してもらうと、やはりドーピング検査承諾のサインだった。これはストックホルムでも求められたので、「ああ、またか」と思った。八九年当時はその場で検尿したのを提出するだけで、検査も簡単なものだ。

日本では「溝口はドーピングしてるのではないか」と陰口を叩《たた》かれたことはあるが、ドーピングには縁がないから全く心配していない。試合当日にせいぜい缶コーヒーを二、三本のむくらいだ。カフェインもドーピングの対象になるが、これくらいの量ではもちろん問題ない。ドーピングする奴は、もっと大量にとっている。

外国人はその点よくわかっていて、海外ではコーチや選手たちから「なぜお前はドーピングしないのか」と訊《き》かれたこともある。ドーピングすると体が急に大きくなるので、すぐにわかるのだ。「もし良かったら、紹介しようか」などと誘ってきたこともあったが、これは断った。

二〇〇〇年以降は検査もより厳格になったので、バケモノみたいな記録は少なくなったが、新たに検査に引っ掛かりにくい、ヒト成長ホルモンや遺伝子操作によるドーピングが開発されているように、ドーピングの問題というのは、まさに「イタチごっこ」だ。

世界記録はもちろん最大の目標ではあった。しかしそれ以上に、私はそこに至る過程を大事にしたかった。

ここまでドーピングなしで地獄のようなトレーニングに耐えてきたのだ。それを「ドーピングしたからだ」と一蹴《いっしゅう》して片づけられたくない。

しかし他人がドーピングしたとしても、私はそれをどうこう思わない。同じ世界記録を狙う選手として気持ちはわからないでもないし、向こうがその気なら、こっちはあくまでクリーンな体で闘うまでのことだ。人のせいにも、やりのせいにも、ドーピングのせいにもしたくない。

それもこれも、誰よりも膨大なトレーニング量と、世界最高の技術を追究している自信からくるのだ。

第四戦　ロンドン――記者会見

エジンバラから中二日で、フランス・ニース戦があったが、これはさすがに欠場した。野球の先発ピッチャーでも中二日というのはあり得ない。さらに体を極限まで追い詰めるやり投げでは、絶対に無理だ。ロンドン戦だと七月一四日なので、中六日あくことになるから、ロンドンには出ることにした。

イギリスのバックリーも、地元の試合だから、全力で向かってくるだろう。私も年下の選手には負けるわけにはいかない。スタジアムは相変わらず満員で、盛り上がっている。

バックリーは、一投目から八四mと飛ばしてきた。

しかし、私はたいして気にしなかった。

いつもなら、ここでカッカするところだが、冷静に徹し、その記録を抜いてやるとも思わなかった。ただ己と向き合い、自己ベストを狙って投げるだけだ。そうすれば勝利は向こうからやってくるはずだ。

予定通り、一投目は短助で八二mを投げて記録を残し、順当にベスト八に残ると、そこからは全助に切り替え、五投目に八五m〇二を投げてトップに出た。

中六日でのこの好記録に、私も「よっしゃッ」と嬉《うれ》しかった。

バックリーは私がトップに立ったのを見て頭に血がのぼったのか、力み過ぎて記録がのびない。

結局、私の冷静さが、バックリーの勢いに勝った。私はそのまま逃げ切って、五投目の記録で優勝した。

エジンバラでの借りを、ロンドンで返したのだ。

バックリーのしょげ方は尋常ではなかった。地元での優勝を逃したのだから当然だが、私にしても、彼に花を持たせるほどの余裕はない。

試合後「あなたは注目の選手なので、ぜひ記者会見に出てくれ」とIAAFからの要望があった。

観客もそうだが、IAAFの役員も選手も、アップ中からこちらをじーっと見てくることに奇妙な感じがした。

今まではこちらが見ていた側なのに、今は私の方が注目されている。私としては当然のことをやっていただけだし、ヨーロッパに来て注目されるのは慣れていないから、これには本当に奇妙な感じがした。

記者会見は苦手なので断っていたが、全く受けないというわけにもいかない。トレーナーの村木さんに通訳を頼んで出席することになった。

私が記者会見など、取材全般が苦手な理由のもう一つは、何と答えていいかわからないからだ。例えば「どういうトレーニングをしているのか」と訊かれても、こちらとしては一言では言えないほど、緻密《ちみつ》で多種多様なトレーニングをしている。適当に答えればいいのだろうが、それが私にはできない。

例えばいい加減に「ウェイトばっかりやってます」と答えたとしても、ただボディビルダーのトレーニングのように向こうは捉《とら》えてくる。

しかし、私にとってウェイトはパワーを付けるのはもちろん、同時にスピードを高めるトレーニングでもあり、また技術練習でもある。同じウェイトでも、他の選手とは全く違うのだ。それを手短に説明するのは難しい。結局、何を言っても誤解されて終わってしまう。だから面倒なので受けたくないのだ。

このロンドンでの記者会見が、またメチャクチャで、外国人記者たちは変なことばかり言ってきた。

「あなたはゼンをやっているのか」

「何や、ゼンて」

村木さんに聞くと「宗教の禅のことじゃないか」

「アホかッ、て言うといてくれ」

「そんなこと、訳せるわけないだろ」

「適当でええねん。そんなことしてないって言うてくれたらいいよ」

村木さんはその通り答えたが、記者たちは信じない。

「あなたは東洋の神秘だッ」

質問にもなっていないので、いい加減、頭にきて、

「オレは念力で投げてんとちゃうッ」

そう答えると、今度は通訳の村木さんが困った顔で、

「念力って、何て訳せばいいんだ？」

仕方ないので「体のバランスが、どうのこうの……」と簡単に説明するのだが、記者た

ちは当然、納得してくれない。

アジアの中でも、極東にある日本の選手が、やり投げで急に出てきたものだから、何か我々の知らない秘密めいたことをしているに違いない、くらいに思っているのだろう。とりあえず「ウェイトをガンガンして、投げるだけ」と答えておいた。

しかし、最後に「ところで、なぜ、あなたはドーピングしないのか?」という質問がきたときは面食らった。

記者たちも一応は陸上専門か、スポーツ全般について見ているので、私がドーピングしていないことをわかっていたのだろうが、「なぜドーピングをしないのか」という質問が、記者会見で堂々と出たことが驚きだった。ドーピングしている選手は時々見かけていたが、「記者会見で訊かれるほど、ドーピングが堂々と蔓延《まんえん》してるのか」と、こちらの方が驚いたのだ。

実は、この頃までは、私も自分のことで手一杯だったので、冷静に陸上界を見渡すことができていなかった。しかしこの質問は、私がドーピングについて注視するきっかけともなった。

それまでは他の選手を見ていても「外国人て、バケモンやな」としか思わなかったのだが、よく見ていると、ドーピングしているかどうか、その動きでわかるようになったのだ。

わけのわからない記者会見をようやく終えて、ホテルに戻ると、八三mを投げて三位に入ったアイスランドの選手と、その同郷の選手と二人が部屋にきて「ちょっと呑まないか」と誘ってきた。外国人選手はみな、大会側が決めた同じホテルに泊まっている。それで通訳の村木さんと一緒に、四人で彼らの部屋に行き、ホテルのミニバーの飲み物を全て出して呑《の》んだ。

ホテルのバーで呑みたかったが、まだファンの女の子たちがたむろしているかもしれないので、気兼ねなく男同士で話したいため、部屋で呑むことになったのだ。

するとアイスランドの選手が、今度はバックリーを呼んできた。

バックリーは地元だから違うところに泊まっていたと思うのだが、以前から知り合いだったアイスランド人が連絡したらしい。

そこで乾杯して、互いの健闘を讃《たた》えあった。

といっても、英語が話せないので、何となくお互いの表情や身振り手振りで意思疎通しただけのことだ。

アイスランド人が、ビールでは物足りないので、自分の部屋からウィスキーやウォッカも持ってきたものだから、この夜はしたたかに酔った。このとき何を話していたのか、ほとんど記憶がない。

ただ、やり投げの話だけはしなかった。

女の話をして盛り上がり、バックリーも私同様、なかなかのプレイボーイなんだなと思ったのを覚えているだけだ。

日本合宿――体が別次元にまで達する

ロンドン戦から、次の試合までは一ヵ月ほど空く。いったん日本に戻った私は、猛暑の京都を避けて、再び北海道で合宿を張った。

国内戦に次いでWGPシリーズと連戦だったので、どこかでもう一度、体を鍛え直す必要があった。連戦の調整のため、筋肉が落ちて体は緩み切っているし、体重は四kgも減っていた。

試合前はいつも一、二kgほど減量して挑む。その状態が長く続いたために、筋肉量が落ちてしまったのだ。そこで合宿をおこなって高重量のウェイトを持つことで、再び体に刺激を与えて筋力を取り戻そうという作戦だ。

札幌《さっぽろ》ではいつもの通り、五歳下の山本雅司と一緒に、アパート型の長期滞在用ホテルをとった。

雅司との出会いはちょっと変わっている。彼が私の試合を見て感化され、大学二年のときに京都産業大学へ押し掛け練習をしにきたのが縁だった。それからは良い練習パートナーになってくれた。私の練習に付いてこられた、唯一といって良い男だ。

もちろん練習は一人でもできるが、ウェイトはできればパートナーがいた方がいい。私のMAXはベンチ一九七・五kg、スクワット二三〇kgと、かなりの高重量になるから、ちょっとズレるだけで大怪我になる。そのため横にいて補助してくれるパートナーがいると助かるのだ。

私には、いつも孤独なイメージがあるようだが、幼い頃からいわゆるガキ大将だったので、実際にはこうして集まってくれる仲間もいるし、人と話すのも嫌いではない。ロンドン戦のあと、バックリーたちと呑んだのも楽しい時間だった。単に人見知りするタチなので、マスコミやファンに受けないだけだ。

特にマスコミには「オリンピック代表のくせにタバコを吸う」だの何だの、悪いことばかり書かれる。これも私がマスコミに媚《こ》びへつらわないからだろうが、どうしようもない記者には鉄拳《てっけん》制裁あるのみだから、別に何と言われようと構いはしない。

涼しい札幌では、順調にトレーニングが進んだ。練習内容は相変わらずウェイトが全てで、冬期なみの重厚なメニューにした。

常にMAXなのはもちろん、ひたすらウェイトに励んだ。また技術的要素を入れた練習も繰り返しおこなった。あとの走・跳・投は付け足しに過ぎない。特に肘《ひじ》や肩は痛みがひどくボロボロだったので、やりを持った投擲練習は封印した。

しかし人間の体というのは、計算通りにはいかないものだ。

涼しい札幌でトレーニングしていると、ハードな毎日にもかかわらず、おかしなことに、調子が上がってきてしまったのだ。

もともと今季の私の好調は、ソウルまでの地獄の四年間が基礎となっている。ソウルでの敗戦で落ち込んでいた分、十分なトレーニングができなかった。それが逆に休養となり、今季の好調につながったのだ。

この数カ月は、その貯金を切り崩してきたに過ぎない。だからここで一旦、ハード・トレーニングで追い込んで後半戦に備えようとしたのだが、なぜかずっと好調なのだ。試合前合宿後半、封印していたやりを持って軽く投げると、八〇mを超えてしまった。試合前に七五mを超えたら好調、と判断していたのだが、どうも体がおかしい。

「これはアカン」と思った私は、山本雅司と連日、ススキノで飲み歩いて、夜は遊びに徹することにした。

私の練習は普段から一日一〇時間以上に及ぶが、この練習で完全に自分を追い込めたと思った日だけ、夜、呑んでも良いと決めていた。ちょっとでも手を抜いてしまったり、気が抜けて練習に集中できなかった日は、飲み歩きはなしだ。

しかしこのときは、毎日限界までトレーニングしても好調が続いてしまっていた。そこで練習を終えてから連日飲み歩くことで、さらに体を疲弊させようと思ったのだ。いま思うとムチャだったかもしれないが、私はまだ二七歳、山本も二二歳と若かった。

実は、酒はあまり好きではない。ただ練習のストレス発散、酔っぱらうために呑むだけで、普段は呑まなくても平気だ。しかし呑むときは徹底的に呑む。酒もべつに何でもいい。酒量については正確に量ったことはないが、ウィスキーならボトル二本は大丈夫だ。

夜に飲み歩くと、当然、翌日は疲れが出る。

しかし札幌では、これがまったく疲れない……。いや、疲れている証拠に、時々、目がクラッときたりするのだが、筋肉に疲労を感じないのだ。

札幌の合宿中に、ちょうど北日本インカレがあったので調子を見るためオープン参加してみたのだが、このときもまったく調整しないで出て、八三m八六というとんでもない記録が出た。

場所も日本で、地理的な不利もないし、メジャーをぐいぐい引っ張って記録を縮める白人もいない。ちゃんと調整しておけば自己ベスト、つまり世界記録が出たかもしれないと思ったが、これぱかりはあとの祭りだ。

調整というのは、こんなにも難しいものか……。

日本人には不利とされる投擲競技で、世界トップというあまりに高い次元にまできたので、未知の世界を手探りしているような感じだった。筋肉が疲弊しないで、先に目にきたりする。体が別次元にまできているから、これまでの調整方法、経験則が応用できなくなっていた。今まで体験したことのない感覚だ。

「ヨーロッパと日本で、場所が違うからだろうか」と、いろいろ考えてみるが、この辺りまでくると自分でもよくわからない。しかし、もうここまできたら、いろいろ考えても仕方ない。

私はそのまま、西ドイツへと飛んだ。

第五戦　西ベルリン――この試合から、私は「日の丸」を捨てた

これまで通り、五日前に現地入りした。

まだ一九八九年当時は、東西ドイツに分かれていた。

場所が資本主義国だろうと共産主義国だろうと、とにかく試合に出るからには、勝ちに行くだけだ。政治的なことはどうでもいい。誰が出ようが出まいが、そんなものは運次第。その日の試合でベストを尽くすまでだ。

試合は再びナイターになるが、相変わらず、どこに行ってもスタジアムのデカさにはびっくりする。いったい何万人入っているのか、わからないくらいだ。

この日は、夕方にあった一万mで世界新が出たので、会場も盛り上がっていた。照明が大きいので、いつもより眩《まぶ》しい。

「そうか、世界六位なんか気にしてなかったんやな……」

試合時間になって競技場に足を踏み入れた途端、ふとそう思った。

スタジアムに入った時、世界トップの選手は、世界六位くらいの選手など全く見ていないことに気がついたのだ。現に、今の私がそうだった。マークしているのはバックリーただ一人である。いま自分がその地位について、初めてそれに気がついたのである。

ソウル五輪の前年（一昨年）まではせいぜい世界六位、その前は九位、一一位くらいだった。日本では騒がれたが、やはりメダルとは全く関係のない下のレヴェルにいたのだ。

そういう意味では、ソウル五輪では、まだまだ実力が足りなかったのだと思った。だい

たい世界ランク通りに、メダルは決まっているからだ。

まだ世界六位だった頃は、上位選手ばかりに目がいって、「クソーッ、絶対抜かしたる」と思っていたのだが、当の選手たちは私など、レヴェルが低過ぎて、意識すらしていなかったのである。

下からの景色と、上からの景色は、それくらいの差がある。

世界トップとはこういうものなのか、と。

そして今は逆に、出場選手たちがみな、私に注目している。

昨年まで私は全くノー・マークの選手だったから、不思議な感じだ。これはWGPシリーズを通して、ずっと違和感として残ることになる。


この日のコンディションは、最悪だった。

西ドイツに来てから睡眠をとるように努め、調整も問題なくしてきたつもりだが、飛行機で悪化した体調は戻らなかった。札幌ではあれだけ追い込んでも調子良かったのがまるで嘘のようだ。

助走しても、本来なら一本の線をすーっと走っているような感覚なのだが、力が分散しているように感じる。調子がいいときほど力の方向が狭く感じるのに、今日はまるで駄目だ。体がガチャガチャと音を立てているように感じる。

こんなことなら、札幌では休んだ方が良かったのかもしれない……。

無理して作りあげた精密機械のような体だ。素質に恵まれたバックリーたちとは違って、ギリギリの状態で試合に出ているために、コンディションの波を捉えるのが難しくなっていた。

歯ぎしりする思いだったが、とにかく今は、全力で立ち向かっていくしかない。

この試合から、私は「日の丸」を捨てた。

これまでは日本代表のつもりで、日の丸ワッペンを付けてWGPシリーズに出ていたが、そんな次元の意識ではもう勝てない。ユニフォームを捨て、Tシャツのソデを自分でカットして、それにゼッケンを付けてピットに立った。

試合は、バックリーとの壮絶な投げ合いになった。

試技順は、今季世界一位を投げている私がラストだ。

一投目は、いつも通り短助で記録を残しにいったが、七八mくらいで失速してしまった。

バックリーは順当に八一m台の記録を残して、あとは全力で投げにいっている。

こうなったら、私もなりふり構っていられない。全助走に切り替え、イチかバチかの勝負に出た。

ようやく三投目で八一mオーバーが出て、バックリーをわずかながら超えたが、奴も四投目で、ついに八三mオーバーしてきた。

これはもう、試合で投げながら調整するしかない。私はいつもなら六投あるうちの前半でベストが出るのだが、この日はとにかく投げながら、悪いところをその場で直して調整することに集中した。

そして五投目にようやく、体とやりを合わせて八二m六八を投げたが、結局、バックリーにそのまま逃げられて三位となってしまった。

このコンディションではよくやったと思うしかない。

第六戦　ケルン——やりの失敗

西ベルリン戦から中二日、八月二〇日にはもうケルン戦だ。

コンディションは、前回の西ベルリン戦から下がりっ放しだ。やっきになって調整しても、こればっかりは中二日で直るものではない。

ケルンで指定されたトレーニング・ルームは、まるで普通のフィットネスセンターのような簡易な施設だった。スタジアムも古いが、客席はきれいに整備されている。

こういう調子の悪いときに限って、私がWGPでトップ争いをしているということで、日本のテレビ局も集まってきて、トレーニングを取材しようとするから、イライラさせられた。もうWGPシリーズ前半戦のような余裕はなかった。

試合当日の会場は、もちろん満員。

相変わらずの大歓声だ。

しかし、ついていないときは、とことんついていない。

検定に出した三本のやりの一本が、通らなかった。

普段、私はやりに「JAPAN　No.1」というように1から3までの番号をマジックで書いているのだが、まずそのうちもっとも気に入っていた一本が検定を通らなかった。

ただし、これは時々あることだ。

陸上競技は極めてシンプルなルールで、ギリギリまで切り詰めた競技ばかりだから、道具を使う競技は当然、その道具にもかなり気を遣う。例えばただ走るだけにしても、短距離のスパイクと中・長距離のスパイクは全く違う。

砲丸、円盤、ハンマーは大会側が用意したものを使うが、例えば棒高跳びのポールなどは、自分で用意するのはもちろんだし、材質など特に規定はない。だから、あるレヴェル以上になると、道具の選択も勝負のカギとなる。特に棒高跳びの場合は、グラスファイバー製のポールが出てきてからは、飛躍的に記録が伸びた。数十年前まで竹を持って跳んでいたことを思えば、考えられないほど良くなったものだ。

やり投げも基本は同じだ。自分で持ってきたものを使うのだから、その選択と手入れは、入念にしなければならない。

私は新しいやりが入ると、まず投げてみてから、紙やすりで全体を削って自分向きに調整する。これは一度に決まるものではなく、実際に試合で何度か投げながら仕上げていくので、次第に地面と擦《こす》れてすり減ってしまうことがある。そのため試合が続くと、規定の八〇〇gを微妙に切ってしまい、検定に通らなくなることもある。特に気に入っていた

「No.1」のやりは手を小まめに入れてあるので、連戦のために削れて検定が通らなくなってしまったのだろう。

それでとりあえず、この日は「No.2」のやりで投げることになったのだが、これが間違いの元だったとは試合後に気づくことになる。

試合は混戦になった。

バックリーも調子が悪いようで、私も含めて八一m台に四人も入っている。記録は全般的に低調だ。

もう悠長に「一投目から記録を残す」なんて言っていられない。このコンディションだから、一投目から全助でいった。

しかし、おかしなことに、やりの尾っぽがブレながら飛んでいく。

私は力投げだから、投げに失敗すると全長二・六mのやりが激しくブレながら飛ぶことがあるのだが、やりの尾っぽだけがブレて飛んでいくのは初めて見た。何かがおかしいと感じたが、一時間程度の試合の間に、やり自体を調整するのは不可能だ。

五投目、ようやく八一m七二という記録が出た。

このときは八三mちかい感覚で投げられたのだが、やはり、やりは尾っぽを振りながら途中で失速していってしまった。「あれー」と思ったが、理由がどうもわからない。フィニッシュのとき、手先が微妙にズレているのだろうかと思った。

結局、この日はこれ以上の記録が出ず、惨敗。WGPシリーズ中、初めての四位に沈んだ。

「もう、やってられんッ」と思いながら、試合後にホテルの部屋で、トレーナーの村木さんと共に「No.2」のやりを確かめてみたら、理由がわかった。

やりの尾は、通常なら長細く、先は丸くなっているのだが、どうもやりの尾を削り過ぎていたようで、よく見たら尾っぽが四角になっていた。このため風の抵抗を受けて、尾っぽだけがブレて飛んでしまったのだ。

これでは、記録が出るはずがない。

私は村木さんと一緒に、とんだ失敗に大笑いした。

最終戦　モナコ——WGPのパンフの表紙になる

九月一日、中一一日で迎えたWGPシリーズ最終戦は、フランスとイタリアの国境に近いモナコでおこなわれた。

体調は、この一一日で何とかもどした。

施設の古いケルンから早めに移動し、調整はモナコでおこなったが、海岸から崖《がけ》に向かってうねるようにつくられた街だから、坂が多くて道が狭い。

高級住宅地らしく、マクドナルドが見当たらないので困ったが、魚が旨《うま》いので、食事はそこら辺のレストランで適当に済ませることにした。

ただし、施設はケルンとは比べ物にならないほど良い。モナコはF1の公道レースでも有名だが、よくこんな細い坂だらけの道路でシリーズができるなと感心した。これでは命がいくらあっても足りないだろう。

ＷＧＰもファイナル戦だから、有名選手も多くやってきた。やり投げでは、トップのバックリーとのポイント差は五点で、私は二位につけている。

ファイナルだけは一位のポイントが倍になるので、この試合で勝てば、私の総合優勝が決まる。日本人初のＷＧＰ総合優勝は、目前だった。絶対に負けられない試合だ。

調整はまずまずだったが、やりがとても重く感じる。やはり筋力が落ちてきているのだろう。しかしやりも替えて、ケルン戦のような失敗はもうないだろうから、あとは調整に集中するだけだ。

モナコの美しい砂浜で調整していると、どこかで見たことのある長身の白人が、海パン姿で浮輪を持って、こちらに手を振っている。

実は私は、あまり目が良くない。いつもコンタクトを付けているが、それでも視力はそう良いほうではない。よく目をこらして見ると、海パンの浮輪男はバックリーだった。苦笑いしながら手を挙げたが、ファイナル戦というのに、何とも緊張感がない奴だ。こっちはギリギリの状態でやっているのに、身長一九五㎝の余裕が恨めしかった。

競技場の受付で、いつも通り試合パンフレットを受け取ると「あれ」と思った。私が表紙になっているのだ。トレーナーの村木さんと思わず顔を見合わせたが、係の女性も満面の笑みで私を見ている。

他の競技の世界記録保持者もみな、私が表紙になっているパンフレットを持っているので、信じられない気持ちでいた。日本では「大酒呑み」だの「タバコを吸う不良選手」だのと、あんなに嫌われていたのに、世界に出るとこうして認めてもらえるのだ。

知らない選手までが、そのパンフレットを持ってサインを求めてきたので、これには私も快く応じたが、村木さんが後で、

「さっきの彼女は、長距離の世界記録保持者でしたよ」

と教えてくれた。

グラウンドで調整していると、地元メディアはもちろん、日本からも共同通信の記者などが詰め掛けて撮影会が始まってしまう。さらに各競技で世界記録を持つ選手たちも次々に私のことを指さすし、カメラを回して私を追っているコーチまでいる。

体脂肪をギリギリに抑えた私の体重は、八七kgまで減っていた。ベストは八八から八九kgくらいだ。

ロンドンで一位になったときも、二位のバックリーは一九五cmあるし、三位の選手も一九〇cm以上あったから、一位の表彰台に立っても同じ背丈くらいになって恥ずかしかったが、こんな小柄なアジア人がいきなりWGPファイナルまでトップ争いをしているので、IAAFも実力を認めてくれたのだろう。

やはり世界は違う。

日本でトップを獲っても、これだけの雰囲気を味わうことは不可能だ。後に、みなが私

のことを「ストロング・クレイジー」と呼んでいることを知ったときは、「なんや、よう知っとるな」と思った。

大会会場をちょっと下見に行くと、スタジアムの観客席は四階建てで、素晴らしい会場だった。ここがWGPファイナルに選ばれた理由がよくわかった。

試合が始まると、予想通り「海パン男」バックリーとの投げ合いになった。

一投目は短助走で、七九m三二。八〇mは逃したが、一投目としては、まずまずの記録だろう。バックリーも八〇m台で、順当に記録を残している。

記録係のおばちゃんが、胡散臭《うさんくさ》げに無言で私を見つめている。「本当にこの男がWGPのパンフの表紙になるだけの価値があるのだろうか」という目だ。記録係になるくらいだから、多少は陸上の経験者だろうが、こんな小さなアジア人がやり投げで出てきたのが疑問なのだろう。

二投目からは、全助に切り替えた。

記録は八〇m六〇と出た。まだスピードに乗りきれていない。こうなったら、もう遠慮はいらない。三投目からは例のごとく、私の専売特許であるイチかバチかのバクチ投げだ。

三投目、ようやく八二m五〇を出してバックリーを逆転した。

ヨーロッパでの連戦で体重が落ち過ぎているのと、今季の疲労とで調子は決して良くない。しかし、今日の勝負は「八四～八五m台をどちらが投げるか」に賭《か》かっていると思った。WGPでは平均すると八三mを投げるとトップに出るが、ファイナル戦はみな死に物狂いでくるから、まったく油断ができない。

四投目からは、記録を狙って思いっきり投げに行ったが、やりは失速して八〇mラインの手前に落ちた。投げようという意識が強くなったので、ラストの振り切りが前にきてしまったのだ。「投げ急ぎ」というやつだ。

次の試技順が回ってくるまで、クロスからラストの振り切りまでの動きをもう一度確認する。この時点ではまだ、私がトップだ。

五投目。

残された投擲は、あと二回。逆転されるのはわかっていたから、全力疾走からの速いクロスで、ラストまでスピードを落とすことなく、ガンッとブロックしてやりをぶん投げた。八三m〇六。「よしッ、来た」と思った。これで二位とは、一mもの差だ。

しかしバックリーも含め、他の選手も追い付いてくるのは必至だ。だからラストの六投目で、さらに突き放す必要がある。

そう考えているところ、やはりバックリーが五投目で八四m台を出した。逆転された私は、暫定二位に落ちてしまった。

簡単に勝たせてもらえないのはわかっていたが、バックリーもようやく本気になってきたようだ。

ラスト、六投目。

もうこうなったら遠慮はいらない。泣いても笑っても、これが最後なのだ。ファウル上等、スタートから高速で突っ走る。

自分でもスピードが出過ぎているのがわかったが、もう止めることはできない。そのスピードのままフィニッシュまで持って行く。

バンッと手を離れたやりが、八〇mラインを越えたところに突き刺さる。投げた後、二歩で止めることができず、ファウル・ラインを越えたところでようやく止まることができた。

ファウル。スピードがつき過ぎて、フィニッシュが間に合わなかったのだ。ファウルさえしなければ、八五mくらいは出ていたと思うが、こればかりは仕方ない。

優勝を決めたバックリーは、観客の手拍子とともに投げに行ったが、やりは八〇mライン辺りに落ちた。わざとファウル・ラインを踏んで、記録なしにする。

観客からの歓声に、バックリーが両手を挙げて応《こた》えていた。悔しくない、といえば嘘になる。しかし八三mを投げて負けたのだから、自分としても全力を出したと思った。私はなぜか、満足していた。

総合優勝は、バックリーに決まった。

私は総合二位。日本人として初めてWGPシリーズに参戦し、世界の強豪相手に総合二位に付けたのだから、ひとまずはこれで満足するしかないだろう。

ジャージに着替えて帰る準備をしていると、WGPシリーズで、共に闘い続けた選手たちが笑いながら握手を求めてきた。

最初は胡散臭げに私を見ていた記録係のおばちゃんも、今度は満面の笑みで握手を求めてきた。私が誰よりも速いスピードでクロスして投げていたのを見て、ようやく納得してくれたのだろう。

表彰台

試合後、日本からきた通信社や新聞社も含めて記者会見が行われたが、質問はもっぱら私に集中した。

「今シーズンは世界記録にあと六㎝と迫り、WGPでも総合二位とかなり充実した年になったと思うが？」

「WGPの連戦は本当に長かった。年から年中、投げていた感じだ。普通なら四月から試合に出て、日本選手権をはさんで少しやりを持たない期間があるのに、今季はそんな時間もなかった。しかも世界レヴェルの試合ばかりで、気を抜くこともできなかったから、精神的にもえらかった。でもその分、充実したシリーズになったと思う」

「今年もまだ少し試合が残っていると思うが、今の時点の心境は」

「自分でもよくやったと思う。春先の調子がそのまま続いていたら一番良かったが、一週間に二試合出たこともあって、記録的にはちょっと下がってしまった。しかし、全力は出せたと思う」

「今後の反省点はあるか？」

「いろいろと細かな点についてはあるけど、悔いはない」

「総合優勝できなかったのは残念だと思うが、どの試合あたりで総合優勝を意識し始めたのか？」

「七月にあったDNガラン戦くらいから。ここで優勝したとき、ポイントでトップに立ったと知らされて、『へえ』と思った。エジンバラでは二位に終わったけど、ロンドンでまた優勝できたので、じゃあ狙ってみよかと思った。今までの自分は、一試合ごとに『決めたるッ』と思ってやってきた。その頃は、試合の間隔がまだ二週間くらいはあったから、また調整し直して全力を出すという感じ。それが中二日とかで出場するという状態だったので、もう最後の方は練習のつもりで投げていた。一位との差がかなり開いていたらまた違ったんだろうけど、僅差《きんさ》で競っていたから」

「故障の心配はなかったか？」

「ドイツの西ベルリン、ケルン辺りはまだ力が残ってたけど、最後の方はもう、肘から先はブランブランして、ただ付いてるだけっていう状態だった。自分の腕という感じがしなかった。あとは足のスネの部分の張りが凄《すご》かった。疲れを取るのに三日くらいかかってしまった。歩くのもしんどいくらい……。だから今後は、スネ（前脛骨筋《ぜんけいこつきん》）をもっと鍛えようと思っている」

「あなたは見事な体を持っていて、それはウェイトを中心にした練習だからと聞いているが、それは本当か？」

「そうだ。もうウェイトだけで投げてるという感じだ」

「今シーズン中は、その筋肉をどうやって維持したのか」

「もう、前のシーズンの蓄積だけでやっていた。ウェイトは試合があってもずっとしてたけど、やっぱり思い切ってはできなかった。今までとは全く違う次元に入っていたから、できただけだと思う」

「ライバルのバックリーについて、何か感想は？」

「負けたのは正直いって悔しかったけど、彼は素晴らしい素質を持っている。自分はこの通り小さな体だから、簡単に比較できない。バックリー本人は、ウェイトをあまりやらないって言ってたから、彼がウェイトに力を入れて、下半身をもっと強化したら、九〇ｍくらいは投げられるだろう」

「今後の課題は？」

「スネを鍛えたら、クロスがもっと速くなると思う。一〇〇ｍのスピードでクロスできたら、それが限界ということ。もちろん、やりを持って横に向いたまま走って、実際にそのスピードまでいくことはできないが、そこに近づこうとは思っている。失敗したら、その分、肩への負担が大きくなるが……」

その後、私のこの予想が現実のものになるのだが、このときはまだそういう予感がしただけだった。

「今季の記録を平均すると、どのくらいの飛距離になるか？」

「八三mくらいはいくと思う。まあ、昨年までの試合がどれだけ楽だったか、よくわかったよ」

「今シーズンの好調は、昨年のソウル五輪の雪辱戦という意味もあったのか」

「そういう気負いはなかった。ソウルでメダル獲ったら、もうホントに死んでもええと思ってやってきたけど、今回、初戦で八七mを投げて、ほぼ世界記録を出したようなものだから、満足している」

「世界記録は、期待してもいいか」

「今まではバックリーのように、一回でもその記録を出したら、それに近いところ、大体一、二mくらい下とかを投げられていた。その記録を自分のものにできていた。でも、もう自分の限界までできたらそういうわけにはいかない。自分はいつも八五mとか、八七mとかは投げられない。ただキチッと調整できるのだったら、ガンッという手ごたえさえあったら、DNガランからロンドン辺りまでの記録をいつでも出せる自信はある。しかし自分でも『これさえあれば投げられる』とか、コントロールできる距離ではなくなってきた。世界記録は今の時点では何ともいえない。オリンピックを狙うのか、今回のようにシーズンを通して狙うのかでも、また違ってくるから」

「やり投げは、かなり肘や肩の負担が大きいと思うが、心配はないか」

「これだけ連戦すると、筋肉が落ちるから、やっぱり肩がルーズになる。自分の絶好調のときのイメージで投げるのが無理になる。だから肩はこれからもしっかりトレーニングする。肘についてはもう、ブラブラくっついているだけみたいなもんだから」

これは「肘を鍛えない」と言っているのではない。肘よりも肩の力の方が大きいから、筋肉の小さな肘まわりを鍛えても、結局は「肩に付いているだけ」のようになるという意味だ。

「あなたにとって、世界はもう狭く感じるのではないですか」

「いや、これまで日本だけでやってたとき、世界は狭いと思っていたのが間違いだと逆に気づかされた。二年前に世界歴代六位の記録を投げて、それで世界を身近に感じていた自分の方がおかしい。今回、こうして世界を身近に感じてそう思った」

「これからは追われる立場になると思うが」

「まだまだ……。自分なんかオリンピックでメダルを獲ったわけでもないから、そうは思わない。ただ周囲の目は確かに違ってきているのを感じる。今までは、こっちが注目していた世界レヴェルの選手に、逆に自分の方が『これが世界記録にあと六cmに迫ったミゾグチか』と見られるようになった。体が小さいんで、舐《な》められてるだけかもしれんけど、八三mくらい投げたら、選手たちの自分を見る目が変わった。ようやくここまで来たかという感じだ。……もう、この辺でいいでしょう」

記者会見を打ち切ると、私は表彰式に出た。

最終戦だというのに、いつも通りの簡単な表彰式だったので、「なんだ、いつもと同じか」と、ちょっと拍子抜けした。

しかし、

「WGP、総合二位。カズヒロ・ミゾグチ、ジャパン！」

とアナウンスされると、満員の会場から大歓声が上がった。

ちょっと驚いたが、おそらく観客も大会パンフレットの表紙を見て、私のことを知っていたのだろう。

モナコの美しい少女たちが持ってきた花束を受け取り、両手を挙げながら会場中を見回すと、歓声はさらに大きくなった。四階建ての大きなスタジアムだから、拍手と歓声がまるで地鳴りのように聞こえる。横を見ると、バックリーも笑顔で拍手していた。

総合二位に終わった表彰台なのに、満場の喝采《かっさい》に、私も自然と笑顔になる。

何か、とても不思議な気分がした。

第六章　引退

本当の紆余曲折

精一杯やったという実感はあった。

一日二四時間練習したといったら大袈裟《おおげさ》に聞こえるかもしれないが、実質、それくらいはやっていた。その結果がWGP総合二位、世界記録まであと六㎝だった。

高校生のときはいい加減な練習しかしていなかったこともあり、インターハイでは六位、国体では豪雨の中で投げ合って二位で終わった。それが何となく心に引っ掛かり、もう少しやりたいと、大阪の靴屋への就職が決まっていたのを止めて、急遽《きゅうきょ》、京都産業大学に拾ってもらった。

家は農家をやっていたこともあり、大学生で日本一になって止めようと思っていたのが、四年生のときに日本代表に選ばれ、ロサンゼルス五輪に出場した。そのとき初めて、世界トップの外国人選手を間近で見た。

「身体能力に恵まれているだけで、技術はたいしたことない。トレーニングを限界までやって最高の技術を身につければ、自分でも追いつけるのでは……」

そう思ったのが運のつきで、それから八八年のソウル五輪まで、地獄の四年間が始まった。しかし、ソウルでは惨敗。それから復活して世界歴代二位という、今年の活躍につながったのだ。

思えば、紆余曲折《うよきょくせつ》をへてきたものだ。

しかし本当の紆余曲折は、ここからだった。

人生の中でもっとも疲弊した試合

九月一日にモナコでWGPファイナル戦を終えた後、私はそのままドイツへ飛んだ。同じ九月にスペインのバルセロナでワールドカップが行われるので、それに出てほしいとJAAF（日本陸上競技連盟）に要請されたからだ。

もうWGPで持っている力をすべて出し尽くした後だったので、正直いって出たくなかったが、ドイツで日本選手団と合流することになった。

それにしても、試合はスペインで行われるのに、なぜドイツに集合なのかまるで理解できなかった。バルセロナ周辺で宿泊施設がとれなくても、近くの町か、せめて首都マドリードがあるだろうと思ったからだ。

ただでさえ日本人は時差があるので不利なのに、ドイツで集合となると、さらに移動で国際線を使わなくてはならない。現在はどうか知らないが、JAAFは相変わらず選手のことをまるで考えないなと思った。

しかし、日本人選手との再会は、久しぶりにリラックスできた。選手宿舎では、同じ和歌山出身の青戸《あおと》慎司《しんじ》（現中京大学陸上競技部監督）と同室になった。

彼は前年の八八年に、一〇〇mの日本記録（一〇秒二八）で日本人初の一〇秒三の壁を破ったと騒がれ、リレーの選手として参加していたが、そんなことは世界では誰も知らないことだからどうでもいい。私はもう練習の気分で参加していたので、連日連夜、バーをハシゴして青戸を連れまわした。彼が出るのはリレーだからまあ大丈夫だろう。

とはいえ、試合の方はしっかりと投げた。

優勝は八五m九〇でバックリー、私は八二m五六で二位に終わった。

一カ月ぶりに日本に帰国すると、私はまず所属している会社に挨拶《あいさつ》に出向いた。出迎えた社長は満面の笑みだ。

「溝口くんのおかげで、スイス銀行から金を借りられたよ。あのミゾグチが所属してる会社か、と話が早かった。君の活躍のおかげでわが社の知名度も世界的になったよ」

そして「東京のスーパー陸上に出てほしい」と言われた。さすがに私は「ちょっとそれは無理です」と即答した。ヨーロッパでは中二日で試合に出て、ワールドカップにも出たのだ。もういい加減、自由にさせてほしかった。

WGP後の試合は、もう練習がてら出るようになっていたが、それでも試合に出るからには勝たなくてはならない。

しかし、このコンディションではさすがに無理だ。時差ボケもひどい。時差ボケというのは、大体アメリカ方面は行きがひどくて、ヨーロッパでは帰りがひどい。まずは体の手入れをしなくてはならない。

それでも社長直々に「頼むから出てくれないか」と請われた。

「溝口くんのために、新しいジャージとユニフォームも作ってあるんだ。そう言わずに、会社のためにもぜひひとも頼むよ」

会社にそこまで言われると、私も従業員の一人なのだから、仕方なく出ることにしたが、「わかりました。でも、優勝できるかどうかわかりませんよ」とだけ言っておいた。

結果は八一m台で三位。人生の中でもっとも疲弊した試合だった。

一位はアイスランドのエイナルソンで八三m八六、彼の自己ベストだった。ロンドンでも一緒に呑《の》んだ仲なので、私は彼を祝福した。エイナルソンは飛び上がらんばかりに喜んでいた。

それから一カ月は、崩れた体調を治すのに専念した。もう体は連戦と時差ボケでボロボロだった。やりはあまり触らないようにして、秋の実業団対抗ではリレーに出た。

練習のタイムトライアルでは手動計測で一〇〇m、一一秒二を出していたから、試合では一〇秒台くらい出ていただろう。私の身体はやり投げ用にしてあるので、ちょっと調整すれば一〇秒台を出す自信はある。しかし高校生のとき一〇〇m一四秒台だったから、これはウェイトで鍛え上げた結果である。そもそも一〇〇m一一秒台くらいは、努力すれば誰でも出せる。

シーズン・ラストにあった関西学生秋季大会には、オープン参加でデカスロン、つまり一〇種競技に出た。これもトレーニングの一環で、まあ遊びみたいなものだったが、それでも日本トップ選手にちかい七二〇〇点を叩《たた》き出した。

内訳——一〇〇m走＝一一秒八、一一〇mハードル走＝一六秒、四〇〇m走＝五〇秒、一五〇〇m走＝五分台、走幅跳び＝六・六m、走高跳び＝一・八m、棒高跳び＝四m三〇、円盤投げ＝四六m、砲丸投げ＝一五m九〇、やり投げ＝七九m――

ただし、やり投げだけで一〇〇〇点ほど稼いだから、べつに自慢にもならない。冬期に入るにはまだ早いこともあり、遊びで出ただけだ。世界記録保持者のヤン・ゼレズニーでも、これくらいは出るのではないか。

思わぬ負傷

八九年のシーズンを終えると、冬期のオフシーズンに入った。冬期はこれまでとは考えられないくらい、軽いものにした。

軽いものといっても、もちろんグラウンドには一〇時間くらい出ている。日本トップの三倍くらいだろうか。普段の冬期は五倍以上練習しているから、これでも私にとっては「軽い練習」だ。

生まれて初めてスキーもやった。用具は会社がすべて出してくれるので、これも少しでも気晴らしになればと思ったのだ。しかしゴルフやスキーをしても、その日のうちに帰って普段の練習もこなす。だからかえって練習はきつかった。

心配だったのは、スキーのときに右ヒザの内側を少し痛めてしまったことだ。慣れない動きだったので、グッと予想以上の力が入ってしまったのだ。いま思うと、いくら気分転換といっても、スキーをするなどということは甘い考えだったと思う。

帰ってきて練習していても、ラストの右足がスコンッと抜けるようになっていた。投げの中でフィニッシュのとき、一瞬だけ、右足一本で支えて踏ん張り蹴《け》りださなくてはならないのだが、それが踏ん張れなくなった。今までは、いくら痛めていても何とかやれていたのに、意識しても右足に力は戻らない。ウェイトでつけた筋肉で補強するのだが、これまでよりもスピードが上がっていることもあり、力が入り切らなかった。筋力だけで支えるには、限界がきていた。体が悲鳴をあげて、これ以上踏ん張るのを嫌がるのだ。無意識に体が逃げてしまう。

俗に「ドロップアーム」と言われるのと同じ現象が起こっていた。例えば肩を脱臼《だっきゅう》した人は、腕を頭上に挙げてから下ろしていくと、あるところからスコンッと抜けることがあるのだが、これと同じ状態になってしまったのだ。

そこで、フィニッシュの左足を着くタイミングを早くするように工夫した。左足を早く着地する方が前進力を使えるからだ。しかし助走からクロスのスピードが以前より上がっていたので、正直いって怖かった。体がもう、駄目になるのではないかという不安があった。

だが結果的にこれはうまくいき、何とか練習でも八二、三mは投げられる状態には戻した。しかし、このフォームでは自己ベスト、つまり世界記録は狙えない。

世界記録を狙おうと思えば、それだけでは無理だ。これまで以上に体に無理を強いなければならない。ただでさえ、右足がこの状態なのだ。どこかがまた壊れることもあり得る。

一瞬だが、私は迷った。
八二、三mで騙《だま》し騙し闘うか、それ以上を目指すのか。
私が出した答えは、もちろん、無理する方だった。

つまり「やり投げを極める」ことを選んだのだ。


新しい技術を導入して、記録が落ちることはあり得ない

実は、八九年のシーズン中に新しい、究極の技術を二つ、見つけていた。

その一つは、先ほど言った左足をさらに早く着地することだ。これは痛めた右足のために早くから取り組み、右足の状態さえよければできるようになった。

さらに究極の技術で残されていたのは、「頭の反動」である。

こういうと「何だ、それだけのことか」と言われるかもしれないが、体でできることは全てやっている。ギリギリまで追い詰めたのだ。あと残されたのは、頭の反動を使うことだけだ。

今までの私は、フィニッシュのとき、顔はできるだけ投擲《とうてき》方向、つまりやりを投げる方向を見るようにしていた。人間というのは、見ている方向に力を集中するからだ。

まずはこれができるように練習するのだが、やり投げで投擲方向を見ながら投げるのは、実は非常に難しい。体がどうしても楽な方、つまり右利きなら左方向に逃げようとする。

下手な選手ほど、顔を左にそむけてしまう。それをグッと我慢して、投擲方向を見るようにするのだが、この技術はすでに自分のものにした。

最後の段階として、顔を投擲方向ではなく、ガッと左に向けることで、その反動を使うのだ。つまり傍目《はため》から見れば「素人投げ」に戻ることになる。しかしその内実は、「もはや使える反動は頭だけ」ということを意味している、究極の技術でもあった。

この最後に残された反動は強烈だ。人類初の九〇m突破を視野に入れた、最後にして究極のテクニックである。

体はこれ以上、もう鍛えられない。ウェイトのMAX（最高重量）も、これ以上は上げられない限界に達していた。私の身長一八〇㎝の骨格で、これ以上筋肉を付けるのは物理的に無理だ。さらに筋肉を付けるとしたら薬物投与しかないが、これは嫌だった。これまでの苦労や成果が全て薬のせいにされてしまうのだ。それだけは避けたかった。

「鉄は熱いうちに打て」と言うが、それもまた真理で、私は三日で頭の反動を使う技術を自分のものにしようと思った。

新しい技術を導入して、記録が落ちることはあり得ない。もし記録が落ちることがあれば、それはどこかがおかしいのだ。新しい技術を入れると、階段を上がるように記録もすぐに上がるものだ。新しい技術を入れて記録が一時的にでも下がる人は、大抵は方法を間違えているだけだ。

頭の反動を入れた初日、三本目あたりから早速、三mほど記録が伸びた。ウェイトを同時並行でやりながら、初日は四、五〇本ほど投げた。二日目も四〇本。本数こそ少ないが、この投げは学生時代の一〇〇本投げと同じくらい、体がつらかった。全体のクオリティが上がっているからだ。

記録も、これまでは練習では七〇m台が出れば良しとしていたのが、八〇mを超え、やがて八二m台が何本か出るようになっていた。これで九〇mが見えてきたと、確信した。

そして三日目。

ほとんどの投擲が八〇mを超えていた。いい感じでフォームが決まってきていた。

そして十数本目の投げに入ったときだった。一〇〇m一〇秒台の速さでクロスに入り、筋肉で固めた右足を思い切り蹴ってガンッとフィニッシュに入ったとき、「バキッ」と右肩が鳴った。頭に響くほどの音だった。

その瞬間、私は「ああ、もう終わった」と思った。

崩れたフォームで強引に投げたのではない。完璧《かんぺき》なフォームで投げにいったのに、が破壊されたのだ。

すぐにアイシングしに行くが、どうしても右手が上がらない。尋常ではない。今まで一度も経験したことのない激しい痛みだった。

以前にも投げていて肋骨《ろっこつ》が折れたことがあったので、骨が折れたかと思い、病院で精密検査をしてもらったが、骨には異常はなかった。靭帯《じんたい》損傷である。ここまで完璧に鍛えた肩が、ついに壊れたのだ。

しかし、不思議と冷静だった。

もともと、この小さな体で八七m台を投げたときから、もはや自分の及ぶ世界ではないと薄々感じていた。八五m台は大丈夫だが、その上をいってしまっていると感じていた。

誰しも限界があると思っていたが、それがついにきてしまったのだ。

「強くなる奴は潰《つぶ》れない」

それが私の信念だった。

しかし、それがついに潰れた瞬間だった。

ついえたオリンピック

一九九〇年のシーズンが始まった。

何とか右手が上がるところまでもってきたが、思い切り投げることはできない。だから試合にも出たくなかったが、会社からの命令で日本選手権だけは出た。

しかし、これも二本投げて止めた。記録は七七m三二で、招待された外国人選手が七八mを投げて私に勝って喜んでいたが、もうそれどころではない。

ウェイトしていても、フレンチプレス（主に上腕三頭筋、肘《ひじ》を鍛える種目）をやっていると肘が外側に逃げようとするので、仕方なく腕を紐《ひも》で縛った。まともにトレーニングすらできない状態だ。いま思えば、この時点で引退するべきだったかもしれない。しかしすべて結果論であり、この時点では私もまだできると思っていた。

何より八九年のシーズンが終わると、私が所属するスポーツウェア会社からもらっていた年収が数倍になっていた。

だから九〇、九一年の二年間は、会社からのプレッシャーにより試合に出るには出たが、中途半端に調整し、無理して出たりしたものだから、余計に体はボロボロになっていた。完璧な体を作り上げてきたから、一か所が壊れると、他の箇所に無理が出て、さらに故障箇所が増えた。

故障箇所は、いたるところに出てきた。

・右肩　靭帯損傷
・右ヒザ　半月板、靭帯損傷
・背筋　右上部、左下部の筋断裂
・左足前脛骨筋《ぜんけいこっきん》（スネ）　筋断裂
・脊椎《せきつい》、腰椎分離すべり症　五か所

特に背筋と左足の前脛骨筋は、断裂していたので指が入るほどの穴がボコッとあいていた。そのため左足のつま先を上げることもできず、腰椎を五か所も痛めているので、歩いていると左側に向かってしまう。腰椎のズレていた箇所が神経に当たり、足も痺《しび》れっぱなしで日常生活にも影響していた。しかし不思議なもので、それでもウェイトを続けていると、周囲の筋肉が大きくなるのだった。

　手術も考えたが、プロ野球のピッチャーでも「手術したら以前より良くなった」という話は聞かない。私の方針は現状維持ではなく、さらなる高みである九〇mを投げることにある。だから手術は断念した。

　九一年の世界選手権は日本で開催されたので、これにはさすがに会社の命令で出ざるを得なかったが、七三m台で敗退した。

　右肩を壊してからの二年間は、とにかく試合に出るため、必死に調整する日々が続いた。いま振り返っても、この二年間が、希望をもっていたがゆえに、精神的にも肉体的にも厳しかったと思う。

　しかし、この東京であった世界選手権に出て、ようやく諦《あきら》めがついた。翌九二年にはバルセロナ五輪があったが、とても出られるような状態ではなかった。

　このとき、私の中でオリンピックは終わった。

私自身が研究室で、やり投げが私にとっての大学である

　故障してただ絶望するのではなく、私は淡々と事実を受け止めていた。交通事故で、あ

る日突然に壊れたのではないからだ。まず右ヒザ、そして右肩を痛めてから、繊細に作り上げてきた体が徐々に壊れていったので、自分では状態を把握し理解できていた。

他の人からは「九〇年以降に突然、いなくなった」と思われているようだが、その後も試合には一年に一度程度だが出ていたし、これは仕方ないと思っていた。自分の故障について、ただベラベラと他人に話さなかっただけだ。インタビューも全て断った。

「体に無理をさせる方向」、つまり世界新記録、自己ベストを投げる方針でトレーニングしてきたが、九一年の世界選手権東京大会に出てからもう、この体では試合で自己ベストは出せないと私は悟った。

しかし、それで絶望はしなかった。それからは、自分のやり投げについて追究することに専念した。


どういうことかというと、致命的な故障で体が動かなくなって初めて、私は一般の選手のことがわかるようになっていた。

一般選手に教えていても、全くできないことがある。それがなぜかわからなかったのだが、「ああ、こういうことなのか」と納得できたのだ。

では、これまでの自分は才能だけでやってきたのか、それとも努力でやってきたのだろうか。

相変わらず一日一〇時間以上のトレーニングを続けながら、私はその点を確認、実験することにした。

九〇mを目指したために、ここまで破壊され動かなくなった体は、一般選手と同じ状態にあたる。この体で、果たして努力だけで八〇mが投げられるものかどうか。そのためにもう一度、初めからトレーニングを見直すことにした。私は、自分が何を積み上げてきたのかを明らかにしたかったのだ。

スポーツ障害というのは、専門病院に行ってもやることは同じで、その場の痛みを取ってくれる以外は、最終的にはリハビリやトレーニングにより周囲の筋肉で固めるしかない。私にとって痛みは問題ではないから、故障箇所はさらにウェイトすることにより周囲の筋肉で固めて補った。

学者にしても結局は、自分の中で解明していかなくてはならないのと同じだ。場所や地位、名誉によって研究や考察が深められると言う人もいるだろうが、私にはそんな外的要因は必要ないし、コーチもいらない。私自身が研究室であり、やり投げが私にとっての大学なのである。

そして私は、肩を壊してから五年後の一九九五年春、ついに静岡国際で再び八〇m四六を投げて優勝することができた。

私のこれまでの経過を知らない人は、「平凡な記録だ」と思ったことだろう。八三mで「平凡」と言われていたからだ。しかし他人がどう思おうが、私には関係ない。これはもう自己ベスト（八七m）を投げることができない私にとって、一つの快挙であった。

この時は、スコンッと抜けていた肩が入ってくれた。その日の状態によって抜けたり、入ったりを繰り返していたのだが、この日だけは何とか入ってくれたのだ。

最近の競技スポーツはみな、三歳頃からの英才教育で伸びると思われている。しかしこの試合で私は、ある程度の身体的・精神的素質があれば、誰でも努力次第で八〇ｍは投げられるという結論に至ることができた。

「やり投げ選手にとって、必要な才能とは何か？」

そう以前に訊《たず》ねられたことがある。

私はそのとき、こう訊《き》き返した。

「それは精神面のことか、それとも身体面のことか？」

精神と身体は不可分であり、そのため両方の素質が必要となる。

精神面の才能とは、やる気があるとか、そんな基本的な話ではない。スポーツ選手にも、考える感性やセンスといったものが必要になる。それは簡単にいえば、「自分で考える力」があるかどうか、その考える方向は合っているのか、ということだ。

さいわい私は繊細すぎるほど繊細に、真理に対して突き詰めて考えることができた。これは私の精神的才能の一つだろう。一般選手の場合は、客観性の担保としてコーチが必要となるわけだが、コーチがいても、できれば選手自身も理解した方がいい。その方が本人の人間的成長につながるからだ。

地元、京都で引退へ

一九九四年に広島でアジア大会が開催された。これも国内の大会だから、会社から出場を命令されたので出たものの、記録は七〇m台に終わった。

翌九五年八月には、スウェーデン・イェーテボリで世界選手権が開催された。私は出たくなかったのだが、当時、教えていたハンマー投げの室伏広治《むろふしこうじ》にせがまれて仕方なく出た。結果は予選落ちだったが、この大会では広治に世界の舞台を経験させるのが目的だったので、自分のことなどどうでも良かった。

九四年頃から私は、要請を受けて中京大学に出向いて室伏広治をはじめとする選手たちの指導に当たっていた。指導者になるつもりはなく、素質ある選手から教えを請われたら、無償で指導していた。私の経験が、少しでも日本人選手たちの今後に役立てばと思ったからだ。

そろそろ、自分の現役引退も潮時だと思った。

この年の秋にあった日本GPは地元京都で開催されたので、私はこの大会に自分の意志で出場することにした。

記録は七五mほどで、二位だった。一位は中京大学の植徹《うえとおる》で、彼も私が指導していた。後進にあとを託すことで、現役を終えることができたと思った。

私はもう、三三歳になっていた。

投擲競技は大体三〇代で引退する選手が多いが、故障が多く、体格的にも不利な日本のやり投げ選手が世界で戦えるピークは、二〇代後半だと思う。

限界を追究しなければ、もう少しやれたと思うのだが、細く長くは私の性分ではない。日本選手権もさらに連覇しようと思えばできただろう。しかし世界トップを知った今、私は日本選手権を連覇することに何の意味も見いだせなかった。国内の試合は、これからの若手が活躍する場であるべきだ。若き日の私も、日本選手権で年上の吉田雅美と投げ合って、世界へと登りつめたからである。

思えば、世界記録にあと一歩及ばなかったからここまでやれたのかもしれない。世界記録が出ていれば、肩を痛めた段階で引退していたかもしれない。

二〇代にはいったときから白髪が目立ち始めていたのだが、この頃にはもう、ほとんど真っ白になっていた。周囲から悲壮に見られないよう、髪を黒く染めてトレーニングし、指導に通っていた。

太く短く生きる。

それが私の信念だ。

しかしもう、それも終わったのだ。

パチプロで生活

一九九六年、三四歳で現役を引退した後は、もっぱら中京大学で選手たちの指導にあたった。

会社も辞めた私がパチプロとして生計を立てることになったのは、この頃のことだ。パチンコといってもスロットの方だが、これで生計を立てながら無償で指導をしていた。これだと日本全国、どこへ遠征しても食っていけるからだ。

四〇〇mで、日本史上六〇年振り二人目のオリンピックのファイナリストになった高野《たかの》進《すすむ》（現東海大学教授・陸上競技部監督）は、

「そんな、神聖なオリンピック代表にまでなった者が、パチプロなんかになっていいのかッ」

と言っていたが、無視しておいた。

高野は私の一年先輩だが、確かに追い込んだ練習をしていたので認めているものの、ちょっと単純なところがある。「やり投げなんか投げるだけだろ。簡単でいいな」と言われたときは、苦笑いするしかなかった。やり投げに比べて四〇〇m走の方が単純な種目なのは、誰でもわかることだからだ。

パチンコは、現役時代もシーズンオフのときに月一くらいの割合でしていたが、九六年に引退した翌年くらいから、本気でやるようになった。

なぜパチンコの中でもスロットなのかというと、パチンコは勘が頼りなので食っていくことはできないが、スロットは「出る」とわかるようになったからだ。つまりスロットなら食えるのである。

コツは、スロットの目が出るのが遅く、しかもぬるっと回転する機種を選ぶことだ。機

械の中に塗られているグリスがぬるっとしている感覚というか、そう見えるものを選ぶのだ。

またスロットのレバーの遊びにも注意する。レバーには遊びの部分が五㎝程度あるのだが、これが下がり気味になっているものを探す。もっともいいのは、レバーが下がっていてさらに曲がっているものだ。しかし、これは稀《まれ》にしか見つからない。

そうした台を見つけたら、さらに入念にチェックする。スロットの目が遅いのを選ぶのは、当たりだす前にさらに少しだけゆっくり回転するようになるからだ。

この頃は、まだ四号機があった。

スロットは当時〇号機から五・五号機まであり、それぞれ当たり方が違う。いろいろな規制や、業界全体の人気から五・五号機まで出るようになった。

この中でも、私の引退前後に出た四号機には「裏モノ」というのがあり、これに当たるとほぼ無制限（一〇連チャン）で勝つことができる。私の自己ベストは、四号機で三〇万円ほどだ。

しかし、このように高額の出る台になると、スロットに夢中になって身上を潰す者も多く出て、自殺者が出るなど社会問題化してしまった。そのため四号機は廃止されて五号機が出て、そこまでの馬鹿ツキが出なくなった。

四号機でできなくなってからは、五号機や五・五号機でやることが多くなった。これも私がプロとしてやっている頃は、連チャンがあったが、今はそれがなくなったので、やっ

ばならない。

古い台となった一号機でも当たると大きいので、馬鹿にはできない。一号機の場合、スロットの回転が遅いのは逆に最悪であることを示しているので、逆に速いのを探さなければならない。

皆そこを狙ってくるのだが「死ぬ台」、つまり「出そうでずっと出ない台」は大抵、かなりの金額を突っ込んで憤死してしまうことになる。私はそういう台はすぐにわかるので移るのだが、パチンコ屋で知り合った常連たちは「なんでわかるんや」と不思議がっていた。

だいたい三万くらいを軍資金としてやるが、もちろん負けることもある。そんなときは回収するまで出る台を探してやるので、下手をしたら開店から閉店まで一二時間、パチンコ屋にいることもあるが、これはさすがに疲れる。

あるときは一〇万突っ込んで、二〇万を取り戻したことがある。しかし、このようなことは稀で、平均としては大体一万円を投資して、三万から五万ほど勝つというパターンだ。

パチンコはその時々で規制が入るので、凄《すご》く出る台がなくなったのは残念だ。

一日にやる時間は、その日によって違う。すぐに当たると一、二時間で出ることもあるし、八時間くらいやっていることもある。

もちろん店側も、私のことをプロと見抜いて、警戒して設定を変えてきたりするので、水面下での闘いもかなり熾烈《しれつ》だ。

日中は回収モード、つまり出ない台ばかりになったと思ったら、夕方から出だしたりする。また閉店間際も狙い目で、その日とり過ぎた分を放出することもある。

朝からパチンコ屋に並んでいる人がいるが、あれは大体、前日に目をつけた台を狙っているのだ。しかし実際にコインを入れてやってみると、レバーがガクンッと感じることがある。これは店側によって設定が変わった証拠だから、諦めて次の台に移る。しかしレバーの感触が変わっていなければ、ほぼ確実に出る。

あまり一店に絞って通うと、さすがに嫌な顔をされるので、京都市中のパチンコ屋に出勤していた。中京大学で教えているときは、名古屋中のパチンコ屋を回っていた。

プロの勝負師

さらに私は、機械に指先を付けて、電磁波を感じ取って判断できた。中の機械の構造を想像しながら、五本の指を台に付けると、出るかどうかわかるのだ。

これは私だけの感覚のようで、他の選手を連れて行ったときに教えてやったのだが「わかりませんよ」と嘆いていた。

私は指先が非常に敏感なようで、例えばやりを持つだけで、そのやりが曲がっているかどうかもすぐにわかったし、怪我した選手の体に手をかざすだけで、どこが悪いのかもすぐにわかった。

また当時の一〇〇m日本記録（一〇秒〇〇）保持者の伊東浩司《いとうこうじ》が走っているのを見てい

るとき、彼の後ろに黒い羽のような影が見えたことがある。そのとき私は「伊東も、もう駄目だな」とわかった。事実、それからほどなくして伊東は引退した。

話がオカルトめいてきたが、私はべつに宗教も信仰していないし、「気」なども信じない方だ。なにしろ親父から「お前は現実的すぎるッ」と怒られたくらいだから。

しかし実際に見えるのだし、わかるのだから仕方がない。これは私も不思議なのだが、実際に自分ができるのだから、「気」とか、そういうものも本当にあるのかもしれない。

とはいえ、パチプロで生計を立てるのは、並外れた感覚と根気がいるのでかなりしんどい。よく引退したスポーツ選手は顔つきなど雰囲気がガラッと変わると言われるが、私はあまり変わらなかった。やはり引退後も、プロの勝負師として食っていたからだろう。

ただし、パチプロといっても選手たちを指導するためにしていたので、これで本当に生活しようと思っていたわけではない。

本当にこれで食っていこうと思ったら、もっと儲《もう》かっていたと思うが、その分しんどかったと思う。私はその頃、室伏広治を見ていたので、時間がきたら、いくらスロットが出ていても、切り上げなければならなかった。それがなかったらもっと儲けていただろう。

室伏広治を指導する

ハンマー投げの室伏広治を見るようになったのは、彼が大学二年のときだから、一九九四年くらいだろう。

まだ引退前だったが、彼の父親の室伏重信《しげのぶ》（現中京大学名誉教授）から「オレの言うことを聞かないので困ってる。溝口の言うことなら聞くだろうから、見てやってくれ」と頼まれたのがきっかけだった。

当時の広治は、父親が投げを教えてもプイッと向こうに行ってしまうような、一種の反抗期のような状態だったが、私の言うことは素直に聞いた。

聞くとウェイトをほとんどしていなかったので、ウェイト中心のトレーニングに変えた。ベンチプレス一〇〇kgも挙げることができず、バーベルを担ぐとフラフラするので、「お前は、鹿か」と言ったのを覚えている。彼は手足が長いので、鹿かバンビに見えたのである。

しかし、私が四、五年かけて実験し開発した指先の感覚なども、教えるだけですぐにできたのには驚いた。

日本人は普通、指先から筋肉に神経のつながりができるまで四、五年かかるのだが、広治はルーマニア人の母をもつためか、それがすぐにできた。欧米人はもともともっている感覚なので、彼の中にある欧州の血がなせる業なのだろう。

それからはどんどん強くなった。世界レヴェルでみたとき、彼には最初から才能があった。これほどの才能をもつ日本人などいない。

「やり投げをやりたい」

教え始めたとき、そう言ってきたことがある。彼はそれまでやり投げとハンマー投げをしていて、どちらを専門とするか悩んでいたのだ。私はこう答えた。

「やり投げやと八七mくらいで終わるけど、ハンマーなら八〇mは投げられるから、そっちの方がいいんとちゃうか」

「え、八〇mですか」

彼は驚いていたが、三歳から発泡スチロール製のハンマーを振り回していたから、もう体がハンマー投げの体になっていたのだ。やりを投げるところを見ても、フィニッシュはベロンとして、ブロックもできていない。

その代わり、ハンマーに関しては最初からできていた。

まずハンマーの七・二六kgという重さは、日常にはない重さだ。投げるときは四回転するが、これも日常にはない。しかし彼は幼い頃から親しんでいたからか、すでにハンマー投げ選手の感覚をもっていたのだ。

私にしても、専門がやり投げだから、ハンマー投げを指導できるとは思っていなかった。しかし実際に見てみると、「どこに力が入っていないのか」がわかる。その点を指摘すると、ほとんどの選手の記録がすぐに伸びた。

よく「フォームを直す」と言うが、これは間違っている。投擲競技に限らず、全ての競技は全体の流れ、動きを見ながら指導することが重要で、フォームを直したりするとおかしくなる。

なぜなら「フォームを直す」ということは、「型にはめる」のと同じだからだ。型にうまくはめて、それで飛ぶならいいが、事実は逆だ。新しいフォームを導入して記録が下がる選手は大抵、これに当てはまる。

だから連続写真などは見ても意味がない。動画もパッと見ることはあっても、じっくりと見たりはしない。その瞬間だけを見て直しても、「瞬間」の真似をしているだけだから、それでは記録は伸びない。大事なのは選手自身の感覚だ。選手本人はもちろん、指導者ももっとそれを大切にした方が良い。

これは引退して、本格的に選手の指導にあたるようになってから私も言語化できるようになっただけで、当初は感覚的なものだった。世界トップを目指す選手の指導は、自分の感覚を言語化していく良い勉強になった。

ウェイトを中心としたトレーニングにしてから、広治はバケモノのような体になった。デッドリフトをしていても、他の選手はバーベルのあまりの重量に手首が伸びてしまうのだが、広治だけは私のようにグッと曲がっている。これは意識しなくても、そうなっているのだ。私のいう「リラックス」が最初からできるのである。

二〇〇一年、広治はついに中京大の記録会で、八三m四七というとんでもない記録を投げた。世界記録はユーリ・セディフ（旧ソ連）の八六m七四だが、日本の陸上投擲界では私以来の、世界トップとして闘える選手になった。

その年おこなわれた世界選手権エドモントン大会では八二m九二を投げて銀メダル。私が指導を始めてから七年ほどたっていた。

私はそれを見届けると、自分から身を引くことにした。

「もう自分で投げを見つけていかなければ駄目だ。自分で身につけたものは忘れないから。そうでないと、投げが崩れたときにマンツーマンで見なければならなくなる。オレの『作り物』になってはいけない」

広治はその後、投げが崩れたときだけ連絡してきた。仕方なく私も指導したが、ついに二〇〇三年、プラハで八四m八六の自己ベストを投げた。

これは彼が二八歳のときの記録だが、一〇代後半から真剣にトレーニングしている人は、大体、自己ベストは二〇代後半に出る。私もそうだった。若いときは質、量ともにもっともトレーニングできる。二八、九歳という年齢は、選手が本来もつ体力の限界点なのだ。もちろん選手によっては三〇代に入っても伸びる人もいるが、そういう人のほとんどは、二〇代のときに激しいトレーニングをしていない。

その後の彼は、自己ベストを塗り替えることはできなかった。これは年齢にも原因はあるが、結局、自分で投げを見つけられなかったのだと思う。もし私がマンツーマンで指導していたら、世界記録である八六m七四に、さらに肉薄していただろう。

しかし、私は思うのだが、そのような「作り物」で世界記録を投げたとしても、どれほどの意味があるのだろうか。確かに名誉を得ることはできるだろうが、その過程が「作り物」だとしたら、それは空しい記録ではないだろうか。

故郷へ

私は、自分の引退のときに優勝した植徹がアキレス腱《けん》を切る大怪我をしたのと、やり投げ日本女子初の六〇mオーバーを投げた三宅貴子《みやけたかこ》の引退をきっかけに、和歌山の実家に帰ることを決めた。

三宅貴子とは、数年前から付き合っていた。やはり指導している中でそうなっていったのだが、まだ付き合い始めて間もない頃、彼女の方から「やり投げに専念したいから、別れたい」と言ってきたことがある。私も「そうか」と言って、しばらく他の女と付き合っていた。

その後、彼女から競技について相談を受けたとき、「もう少しやり投げをやりたい」と聞いて、私は即座に「もう無理やぞ」と言った。一六〇cmという小さな彼女の体は、激しいトレーニングでボロボロになっており、また年齢の問題もあって、これ以上の自己ベストを出すことは不可能だろうと思った。彼女も私の説明を聞いて、納得して引退を決めた。

すると「じゃあ、また付き合いを再開したい」と言ってきたのには慌てた。

私はびっくりして「お前から別れようって言うたやろ」と言うと、彼女は「それは競技をしている間だけで、引退したらまたよりを戻すという意味」と答えたので、女というのはよくわからない理屈をこねると思った。

すでに私には他に付き合っている女がいたのだが、その女と別れ、故郷に帰って貴子と一緒になることにしたのだった。

故郷に戻る話になったとき、見合いの話もたくさんきた。地元の金持ちとか、テレビのタレントなどの話もあったが、貴子を教える中で、この子を最後まで引き受けようと思ったので全て断った。

そして岡山にある彼女の実家へ挨拶に行き、そのまま和歌山白浜にある私の実家で一緒に暮らし始めた。

エピローグ

表彰状もトロフィーも何もかも捨てた

トルコキキョウは、可憐《かれん》な花だ。

毎日様子を見て、剪定《せんてい》し、水加減を調整してやらなければならない。晴れたらハウスのビニールを開け放ち、少し風が吹くだけで閉めなければならない。病気に弱いことから栽培に失敗することが多いので、その分、高値がつく。

結局のところ花の栽培は、バクチのようなところがある。だから私の性に合っているのかもしれない。

八月に定植、つまり植え付けをすると、一一月から翌年六月くらいまでが出荷時期になる。この時期に出荷が集中するのは、やはり年末から四月にかけて、祝い事などで需要が伸びるからだ。

一ハウスに、一万五〇〇〇本を植える。ハウスは五つあるから、七万五〇〇〇本植えることになるが、このうち出荷に堪えられるのは半分もない。最近は三万五〇〇〇本を出荷したが、これは今までで最高の出荷になり、質も良かったので高値がついた。台風で全滅することもあるから、いずれはハウスの強化もしたいと思っている。

とにかく繊細な作業が要求される。

まずつぼみが出たら、その下から一二本の脇芽が生えてくるので、そのうちの半分は切り取って整理する。切り取ったところには、殺菌剤を塗らなくてはならない。少しでも手に菌がついた状態で触ると、それだけで腐ってしまうからだ。この作業を七万五〇〇〇本全てにしなければならない。

水加減も、花の生育に大きな影響がある。

気温が高くて花が曲がってしまったら、水をやるとまた伸びる。しかし土壌の下に水が溜《た》まっていることもあるので、それをわかっていないと水のやり過ぎになり駄目になる。また株本（根）の通気をよくすると病気になりにくい。

その他にもいろいろとコツがあるのだが、全て『トルコキキョウの育て方』という冊子を見て、あとは自分で工夫した。

やり投げのときも、『ウェイト・トレーニングの方法』とかいう本で種目を覚えて、あとは自分で工夫してトレーニングしていたが、それと同じことだ。しかし教則本と同じことをしているだけではうまくいかないのは、花もやり投げも同じだ。

トルコキキョウの出荷が終わると、今度は米作りだ。田圃《たんぼ》に稲を植えて、秋までには収穫する。最近は離農する人も増えたので、頼まれたら空いている田圃でも草刈りして植え付けをする。農地法で、田圃を放ったらかしにすると罰せられるからだ。だからとても忙しい毎日を送っている。

農業には農業の難しさがあるが、しかしやり投げに比べたら楽なものだ。私は幼い頃から農業を手伝ってきたので勘もいい。やり投げで八七mを投げることに比べたら楽なものだ。

やり投げに命を賭《か》けてきた者にとっては、農業なんて楽なものだ。金儲《かねもう》けもそこそこでいい。家族がいなければ、もう少し手を抜いていたかもしれない。

パチプロと比べても、呑気《のんき》なものだと思う。私はそれまで髪をリーゼントにセットしていたのだが、実家に帰ってしばらくしてから、髪をおろした。

時には、過去を振り返るときがあるかと、あなたに訊《き》かれたけれども、表彰状もトロフィーも、何もかも捨てて故郷に帰ってきたので、特に振り返ることもない。だけどいつ、どこで何m投げたのかは、頭の中に全て記憶されている。それでいいではないか。

究極の自己満足みたいなもので、私など、ただの「やり投げオタク」みたいなものだ。ただ一投に命を賭けたことがあり、その賭けにはおおむね勝つことができたというだけのことだ。そんなことを振り返っても、そこにどんな意味があるというのだろう。

これは客観的な事実だが、私のように一八〇cmの身長で、八〇mオーバーを投げた選手は、世界でもほとんどいない。つまり私は限界まで到達し、そこを超えることができたのだ。この事実以外に、どんなトロフィーがあるというのだろう。

ゼレズニーこそ「選ばれし人間」であった

「印象に残る選手」といえば、やはり世界記録保持者のヤン・ゼレズニーだろう。ゼレズニーも今は引退して、コーチをしているらしい。そして世界大会があると、日本選手に「あのミゾグチはどうしているのか」と訊《たず》ねてくるそうだ。

ある時、訊ねられた日本人選手が「彼はプロのギャンブラーになっている」と冗談半分で言うと、「やはりミゾグチはクレイジーだ」と驚いていたという。「農業をしている」と言っても、やっぱり「クレイジー」と言ったかもしれない。コーチとなったバックリーも、インターネットで「溝口との死闘が、私を強くした」と語っているという。

しかし、技術の面で世界最高だと思ったのはゼレズニーだけだ。九八m四八という世界記録はまだ破られていない。ドーピングとか、そんなことは超越した人間だった。

多くの人が「この九八mという世界記録が凄《すご》い」と言うが、もし彼の記録が、私が活躍していた頃の世界記録八七m六六のままだったとしても、やはりもっとも素晴らしい選手だったと思う。ゼレズニーこそ、まさに「選ばれし人間」であった。

ゼレズニーの素晴らしさを簡潔に言うならば、一八七㎝ほどの身長をもちながら、信じられないほど素早い動きをすることにある。中でも骨盤がほぼ真横を向いているクロス・

ステップは、世界でも彼だけができるものだ。

やはり、ひねりが加わる方がやりは飛ぶ。

フィニッシュでは、蹴《け》りだした右足と右肘《ひじ》、そして強烈な左のブロック。この一連の動作のタイミングが絶妙だった。両足の着地も、ほぼ同時に見えるほど速い。

投擲《とうてき》動作では、右肘が、肩のところですでに前へ入っている。私は右腕を「一本の骨」と考えて投げていたので、投げに入って肘が入るのはほぼ同時だったが、ゼレズニーは投げる時、右肘を先に入れていた。普通の人間がすれば、肘が壊れている動作だ。

私も大抵の動きはできる方だが、これは何度練習してもできなかった。ゼレズニーは、初めてやりを持った時からできていたのだろう。そして膨大な練習量を誇っていたのだろう。あの長いやりを、まるで女子用の短いやりのように軽々と投げることができたのは、世界でも彼だけだ。

しかし、そのゼレズニーでさえ、自分の動きを説明することはできないだろう。なぜなら、彼は「生まれつきできる人間」だったからだ。だから他の選手がなぜ、それをできないのかがわからないのだ。そのため、技術を他人に伝えることが難しい。「やり投げが国技」と言われる北欧にさえ、彼に次ぐ人間がいないのはそれが原因だ。

私は八七mから、六二mという底まで落ちた。六二mというと、日本の高校生のレヴェルだ。

高校生レヴェルまで落ちたこの体で、どうしたら八〇m投げられるのか。それを一つ一つ点検し、突き詰めてトレーニングを確立したおかげで、一般の選手にもいろんなことを伝えることができるようになった。しかし、それができるまでは心身ともに、非常につらかった。

新しく見つけた技術を試すことができなかったこともあり、反省することはあっても、過去を振り返ることはない。

やり投げを好きだと思ったことは一度もない。

しかし、やり投げが私の全てだったことは確かだ。

リラックスなどいらない

故郷に戻り、農業を継いで数年がたつ。

妻の貴子も、農業にだいぶん慣れてきた。農家に嫁ぐというのは、想像する以上に大変なことだ。しかし、彼女を守ってやれるのは私しかいない。

彼女も元日本記録保持者なのだから、近くの高校から請われて指導に出向くようになった。それが最近の気晴らしになっているようだ。

私についてはもう、多くの人が私の存在を忘れているようだ。

私はそれで良いと思っている。一投に全てを賭けて、それにおおむね勝つことができたのだから。

私には自分に堂々と誇れる過程と結果がある。だから人々から忘れられても、私は何とも思わない。
やり投げにリラックスなどいらない。
ただ力一杯、投げるだけだ。

著者あとがき

上原善広

スター、溝口和洋

溝口和洋は一九八九年、当時の世界記録からたった六㎝足らずの八七m六〇を投げ、その後はWGP（ワールド・グランプリ）シリーズを日本人で初めて転戦し、惜しくも総合二位に終わった。当時テレビ、新聞、ラジオ、週刊誌など、あらゆるメディアが溝口の活躍を取り上げた。

彼は日本人にとって体格、パワーで圧倒的に不利な陸上投擲《とうてき》種目のやり投げで、欧米人相手に互角の投げ合いをした当時、唯一の人であったが、無頼な伝説にも事欠かない人物でもあった。

中学時代は特活の将棋部。高校のインターハイにはアフロパーマで出場。いつもタバコをふかし、酒も毎晩ボトル一本は軽い。朝方まで女を抱いた後、日本選手権に出て優勝。幻の世界新を投げたことがある。陸上投擲界で初めて、全国テレビCMに出演。根っからのマスコミ嫌いで、気に入らない新聞記者をグラウンドで見つけると追いまわして袋叩《ふくろだた》きにしたことがある……。

それらの噂の真偽は、取材当初はわからなかったが、溝口和洋が日本陸上界で誰もが認めるスターだったのは間違いない。

これから日本選手権を何連覇するのか。また日本記録はもちろん、日本人初のやり投げ世界記録更新に期待がかけられていた。

しかし翌一九九〇年シーズン、彼は忽然《こつぜん》と、陸上界から姿を消したのだった。

人気も体力も絶頂期にあり、来季のさらなる活躍を期待されていた選手が、翌年からほとんど国内外の試合に出なくなった。マスコミ嫌いな溝口は、報道陣にも理由を明らかにしなかった。あまりにも突然の最後だった。溝口は突然、私たちの前から姿を消したのだった。

一八年間に及ぶ聞き取り

私は以前、投擲の円盤投げをしていた。高校大学を通じて二年ほどしか選手登録していない不真面目な選手だったが、溝口は誰もが憧《あこが》れるスター選手であった。

それで試合のとき、よく顔を合わせていた京産大の選手に「溝口さんはどうしてる」と訊《たず》ねた。一九九三年頃のことだ。

すると彼は、急に深刻な顔でこう言った。

「まだトレーニングしてる。もう試合に出られないのに、今でも現役なみにトレーニングしてる。なんかもう、見てられない」

私はそれを聞いて絶句した。

「どうして試合に出られないの」

「もう、体がボロボロなんや」

「じゃあ、何のためにトレーニングしているんだろう」

「わからん。あの人のことは……」

興味半分に軽い気持ちで訊ねただけだったので、彼の深刻な顔をみて、私はそれ以上なにも言えなくなってしまった。

そのときは取材しようという思いはまだなかったが、なぜ突然消えてしまったのか、その理由を知りたいと思ったことは覚えている。


それから四年がたった。

一九九七年一二月、私は京都産業大学に溝口を訪ねていた。

京産大陸上競技部、投擲ブロックの学生たちは薄いジャージから湯気を立てながらウェイトに取り組んでいた。

屋根のあるトレーニング室は二〇畳ほどあるが、入りきれない者は土の上で、錆《さび》ついたプレートと曲がったシャフトを上げ下げしていた。地面はバーベルの重さで削られ、そこだけ小さな穴をつくっている。

私は投擲ブロックのコーチと、短い挨拶《あいさつ》を交わした。

「おい、溝口」

京産大のコーチが呼ぶと、学生たちの中からゆっくりと、黒いジャージ上下を身に着けた男が出てきた。

リーゼントの髪は、VO5のもっとも強いスプレーで塗り固められており、多少の風や運動では決して乱れない。そういえばバレーボール元日本代表の川合俊一《かわいしゅんいち》も現役時代、試合中でも乱れないよう髪をガチガチに固めていたことを思い出した。簡単に他人を寄せ付けない極道のような気難しそうな顔は、まるでワニのようだった。

雰囲気だ。

知り合いの記者からは「絶対にインタビューなんかできませんよ」と忠告されていた。それほどマスコミ嫌いで知られていたが、私が取材の旨を告げると、溝口は「ああ、聞いている」と自分の車に私を誘った。黒塗りのセルシオだった。

指定された時刻は正午だったので、私はてっきりどこかで食事でもしながら話をするものだと思っていた。このときはまだ、練習場にいる間は、溝口がほとんど食事を摂《と》らないことは知らなかった。

溝口は車のエンジンをかけ、温風を調整すると、ゆったりと席に座り直した。そして鼻をこすりながらこう切り出した。

「なんでまた、今頃、わしなんや」

レヴェルは違うが、中には共通の知り合いもいたので話は早かった。当時、私は二四歳、溝口は三五歳だった。

その後も、溝口との付き合いは続いた。週に一度、京都に通って徹底的に話を聞いた時期もあったし、三年ほど会わなかったこともある。しかしその付かず離れずの関係は現在まで、一八年ほど続いた。

溝口はまさに「全身やり投げ選手」だった。彼が編み出したやり投げのためのテクニックとトレーニングは、そのまま彼自身の存在意義と哲学にまで昇華されていた。

そのため聞き取りすること自体、大変な時間がかかったが、これを言語化するのはさらに非常な難問だった。そこでまず途中経過として、簡単な短編にまとめて発表した（『異形の日本人』（新潮新書）所収）。しかしこれはあくまで、溝口の表面だけをスケッチしたに過ぎない。

もともとは、彼のトレーニングと投擲技術の話だけで一冊の本にするつもりだった。「全身やり投げ」だった選手だからこそ、彼のトレーニングと技術論だけで、実験的な人物ルポルタージュが書けると構想していたからだ。

その後、さらに試行錯誤をへて、私は彼を一人称というスタイルで書くことにした。これが溝口をあますことなく描きだす方法だと思ったのである。

「そうやな。東京オリンピックは、観に行きたいと思ってる」

そして二冊分になったノートは、裏表紙までボールペンで真っ黒になった。繊細な彼の性格を考慮して、録音をとったことは一度もなかった。

一九九七年に初めて会ったとき、私はまだ二四歳の駆け出しで、溝口和洋は三五歳でパチプロをしていた。そして今（二〇一六年当時）、私は四二になり、溝口は五三になった。リーゼントをやめた溝口の髪は真っ白になり、私もかなり白髪が目立つようになった。

「この前な、和歌山でインターハイあったから行ったんや」

競技場にさえ近寄ろうともしなかった彼が、地元開催の大会とはいえ、陸上競技を観に行ったなどということは、かつてないことだった。

「珍しいですね」

「陸上関係者と会うの、二〇年ぶりくらいやな。選手を連れて偉そうにしてる奴がおったから、『おうッ』と声かけたった。そしたらそいつ、『エッ、溝口さん⁉』でびっくりして、オドオドしだすんや」

「悪いイタズラしましたね」

「あと高野（進・東海大教授）もおったから、声かけたらびっくりしててな。横に座って一緒に観戦してたら、なんか横向いてブツブツ言うとるんや。何言うてんかなて思ったら『そろそろ、もう少し大人になって、その性格変えた方がいいと思う……』とか、つぶやいてる。オレに向かって言いたいんやけど、面と向かって言えんみたい。まだ怖いと思われてるんや」

実は、元四〇〇ｍ走の高野進とも仲が良い。溝口は口で悪いことを言っても、腹には何もないから堂々としている。

確認のつもりで「なぜ指導者の道を選ばなかったのか」と訊ねた。

「四国とか、九州の大学から話はあったよ。だけどうちは農家やしな……」

溝口はそれだけ言うと、口をつぐんでしまった。

自ら確立した技術とトレーニング方法を伝えるには、地方の大学生のレヴェルでは無理だ。もちろん実家と、年老いた両親の問題もある。そう思って断ったのだろう。

指導者としては、インターハイを観に行けるほど丸くなった今なら、レヴェルの低い選手でも教えられるかもしれないが、農家を継いだ今となっては、それも夢物語でしかない。

「せやけどな、今度の東京オリンピックに出る選手見たってくれっていう話もあってな。それは受けようと思てる」

「そういえば、オリンピックも東京開催が決まりましたものね」

「そうやな。東京オリンピックは、観に行きたいと思ってる」

それを聞いて内心、驚いた。今でも溝口に批判的な陸上関係者は非常に多い。溝口もまた、ＪＡＡＦ（日本陸上競技連盟）に対する批判を堂々と口にしていた。以前の繊細で傷つきやすい溝口の性格なら、絶対に出ない言葉であった。私は確実に、時間が流れたのだと思った。

しかし、そのようなことは表情には出さず「じゃあ、そのときは一緒に観に行きましょう」とだけ言った。

「インターハイ行ったらな、選手も『サインしてください』って来るんや。しょうがないからしたけど、サインなんかもろて、何すんねやろな。全くわからん」

幻にされた世界新記録に抗議もせず、日本人初のWGPシリーズ総合二位の自らが表紙になった大会パンフレットでさえ、捨てた男だ。サインに何の意味も見いだせないのは本音だろう。


しかし、私は思った。

忘れられたと思っているのは、実はあなただけだ。

陸上関係者は今もまだ、あなたの鮮烈な投擲を覚えている。

忘れようとしても、忘れられないのだ。

今年のインターハイがちょっとした騒ぎになったのは、それを象徴しているではないか。

あの、鮮烈なフォーム。

誰よりも遠くへ飛んだやり。

私もまた、「溝口のやり」を忘れられない一人だった。

文庫版著者あとがき

上原善広

まだ二三歳の駆け出しだった私が、どこへ書くというあてもなく、押しかけるようにして彼の元へ通いだしたのが本書の始まりだった。

もともとは雑誌に企画が通り、取材して簡単な記事を書いたのがきっかけだった。それだけでは飽き足らず、短編として書き直して、ある出版社が当時主催していたスポーツ・ノンフィクション賞へ応募したのだが、最終選考で最後の二冊に残ったものの、競った末に落選してしまったのだった。選評には確か「面白過ぎる」というものがあり、それの何が悪いのかと、私はやや憮然《ぶぜん》とした覚えがある。

それ以後、彼への聞き取りはさらに盛んになっていった。

最初の頃は京都産業大学近くにあるうらぶれた喫茶店で一日四、五時間かけて話を聞いた。私は週一、二回のペースで大阪から車を走らせ、京都市の端にある彼のマンションに迎えにいった。彼はいつもアイスコーヒーとコーラを同時に注文し、それを何杯もお代わりした。人前で食べるのが嫌いなのか、食事はほとんど取らなかった。店の人や居合わせた客が「あのミゾグチさんですよね」と訊《たず》ねてくることがあったが、彼はそういうとき、プイと顔をそむけてしまうのだった。まだパチプロで生計を立てていた頃の話だ。

彼はいつも「自分はプロになりきれないプロ」と語っていたのだが、こうして別の手段で生計を立てていたのも、彼の純粋性の現れだったと思う。

こうした関係が数年続き、その間には技術面の話だけを専門誌に短期連載したこともあった。しかし出版の話はなかなか実現しなかった。私はこれを自分の責だととらえ、もっと書き手として力をつけなければならないと考えた。とにかく彼の物語を埋もれさせてはならないと、時には借金を重ねながら京都に通い続けた。私もまた、プロになり切れないプロだったのだと思う。ただそうした面がなければ、本書をまとめることはできなかっただろう。

当時の私は海外取材が主で、紛争地などを歩いていたのだが、その間だけは彼からの聞き取りを中断し、日本に戻るとまた再開するといった具合だった。

やがて私は東京に拠点を移し、彼も京都を引き払って和歌山の実家に帰ってしまった。私は大阪に帰るたびに、今度は和歌山まで車を走らせ、引きつづき聞き取りを続けたのだった。

付き合いも十数年になると少しは互いに心を開くものだが、彼は聞き取り以上の付き合いをしようとはしなかった。あまり深い付き合いをすると、かえって離れてしまうこともあるからだったろう。だからこそ、結局は二〇年近くにわたってしまった聞き取りを続けることができたのかもしれない。

こうして通い続けたのは、彼のことを書かなければならないという使命感が第一にあったものの、それだけでは続かなかっただろう。何といっても、とにかく話が面白い。何時間きいていても飽きなかったから続けられたのだと思う。京都の喫茶店や、和歌山の白浜《しらはま》駅前にあるうらぶれた観光客向けの食堂の片隅で、WGPヨーロッパ転戦の話を聞くのは贅沢《ぜいたく》な時間だった。

何より当時の私には、彼と話すこと自体がとても勉強になった。

彼は一種の「天才語」を話す。天才語というのは、ごく一部の突き抜けた人物だけが話すやや難解な言葉のことだが、彼もこの天才語を話すのでわかりにくかった。だからインタビュー時は資料を読み込み、自分の考えをある程度まとめておかないと話がつづかなくなる。聞き取りを始めた頃の彼は、こちらが不勉強だと知るとプイと顔をそむけて答えなくなることもあったからだ。だから彼と話すことは、自然とインタビューの勉強になった。

もっとも私が参考にしたのは、彼の原動力であった「馬鹿にされたら絶対に忘れない蛇のような執念」だろう。

当時の私は典型的な「河内《かわち》のあほボン」で、物書きを志していたものの、善くも悪くも欲というものがなかった。ある土門拳賞《どもんけんしょう》の写真家に「豪邸に住みたいとか、いい車にいい女が欲しいとか思わないと決して成功しないよ」と注意されるほどボンヤリしていた。いい女はさておいても、私は豪邸や高級車に興味ある人種ではなかった。「河内のあほボン」という称号も、その写真家から戴《いただ》いたものだった。

そんなときに彼から「蛇のような執念」という話を聞いたのだが、当時の私は無名の物書きだったこともあって、その話を聞いてもいま一つ理解していなかった。

しかしその後、私も徐々に刊行点数が増え、人生経験を積むにつれて「あのとき溝口《みぞぐち》が言っていたのはこのことか」とわかるようになる。

どのように批判、誹謗《ひぼう》中傷されても無言をつらぬき、その悔しさを溜《た》めに溜めて、絶対に相手を見返してやるという怨念《おんねん》ともいえる執念。彼はそれだけを動機に、一二時間以上にも及ぶ厳しいトレーニングに立ち向かっていた。私もその後、そのようにして書くことになった。私が作品をもってして答えるという姿勢を固持するようになったのは、彼の影響が大きい。

そうした意味では、彼はただの取材対象者ではなかった。彼からはインタビュー手法を学び、表現者はどうあるべきかという姿勢を学んだ。やり投げは彼にとって研究室だったが、私にとって彼への聞き取りはさながら「溝口大学」のようなものであった。彼という稀有《けう》な独学の人から直接学べたことは、現在、自分の血肉となっている。

しかし、品行方正にそれを実行できていたわけではない。彼からの聞き取りをしている十数年の間に、私は自殺未遂を起こして生死の境をさまよったこともある。このときも本書を完成させずに申し訳ないと思いながら睡眠薬を飲んだのを覚えている。三日後に意識を取り戻して回復すると、これはまだやるべき仕事が残っているということなのだろうと思い直せた。それもこれも本書が未完だったことが大きかった。

本書を上梓《じょうし》してから三年以上経つが、大きく変わったのは彼自身だろう。その変化については驚くことばかりであった。

何より変わったのは、あれだけ毛嫌いしていたマスコミへ出ることを厭《いと》わなくなったことだ。二年ほど前から依頼があればテレビ取材を受け、バラエティ番組にも出るようになった。といっても「あの人は今」というような番組ばかりなので、彼の美学には本来反すると思うのだが、それもあまり気にすることなく出るようになった。

これは彼が歳をとって、自身の信念を曲げるようになったのではない。私は直感的に「この変化は子供ができたからではないか」と考え、本人にも確認したのだが、果たしてそうだった。

次第に丸くなっていた彼に愛らしい幼子ができたことで、さらに柔軟な姿勢になっていた。彼は幼子のために、父である自分の功績について記録に残しておいても良いと思うようになっていた。自分ができることは、たとえそれがこれまでの美学に背いたものであっても引きうけるようになっていた。和歌山の農家に嫁いだ、貴子《たかこ》夫人と幼子のために。

彼は元来、独学孤高の人であったが、同時に人へ奉仕することを厭わない義侠心《ぎきょうしん》も強くもっていた。さまざまな選手が教えを乞《こ》うてくると採算度外視で教えることもそうで、実際にはなかなかできないことである。本書を編むことができたのも、そうした彼の高潔な精神ゆえのことである。その古風な高潔さゆえに、多くの誤解を受けてきたことは本書にある通りである。

彼の話をして面白いと言ってくれる人は多かった。ある編集者は、彼について書いた私の原稿を長い間、机にとっておいてくれたという。企画は通らなかったものの、いつか何かあったときのために取っておいていたそうだ。

だからといって事態が進むことは中々なかったのだが、自殺未遂から回復した後、編集者の岸山征寛《きしやまゆきひろ》さんに初めてお会いした時、彼の話をしたら「面白いですね。ぜひ出しましょう」と言ってくれた。岸山さんは本書を世に出すことをしてくれた唯一の編集者で、私はこの時、本当に生きていて良かったと思った。

本書はミズノスポーツライター賞の優秀賞を受賞することができたが、これは最優秀賞ではない次点であった。選考委員の方々からは「自分は最優秀に推したのだが残念だった」というお便りを戴いたが、どちらにしても私の力不足が最大の原因だった。私はこのことを岸山さんに申し訳ないと思い、またそれ以上に彼に申し訳ないと思っていた。

しかし今回、角川文庫に収められるにあたり久しぶりに本書を読み返してみると、国体で二位、記録も当時の世界歴代二位を投げ、WGPも総合二位だっただけに、本書もまた二つのスポーツ・ノンフィクション賞で次点だったことは、出来過ぎた符合のようでもあると思った。

私が独学二流の書き手であることを思えば、私たちにはお似合いの結果だったのかもしれない。あまり売れなかったのに今回、文庫化されるのも「プロになり切れないプロ」を、同じくプロになり切れない私が書いた本ならではのことだろう。

ただ世界を舞台に奮闘した超一流の彼に対し、私が肩を並べるように書くのはおこがましい限りだが、そんな非礼も溝口さんは「アホか、お前と一緒にすなッ」と苦笑いしながら許してくれるのではないかと思っている。

世評はどうあれ、彼の伝説はここに完結したのだった。


——いや、「完結したはずだった」と記しておこう。

私たちは、一五年後にさらなる溝口伝説のつづきを目撃することになるだろう。そのとき初めて、彼の伝説が実は壮大なサーガであり、本書はその序章に過ぎなかったことを知らされることになるだろう。

ただそれまでは本書を一旦《いったん》、閉じておくばかりだ。

二〇二〇年二月

解説――「天才語」を紐解いた稀有な作品

柳《やな》川《がわ》悠《ゆう》二《じ》（ノンフィクションライター）

夏のオリンピックを私が取材するようになったのは、二〇〇〇年のシドニーからだからちょうど二〇年になる。その頃すでに、本書の主人公で、陸上・やり投げの第一人者だった溝口和洋《みぞぐちかずひろ》は表舞台から消えていた。彼がパチプロとして、生計を立てていた時代である。二〇〇四年のアテネ五輪の金メダリストであるハンマー投げ・室伏広治《むろふしこうじ》の登場以前に、体格とパワーで勝る欧米人に絶対的な利がある投擲《とうてき》種目で、世界を凌駕《りょうが》する日本人がいた。その史実は知っていても、溝口の人となりに関しては、スポーツ取材をメインとしてきた私もまるで知らなかった。

その理由は、溝口自身が大のマスコミ嫌いで、やり投げに賭《か》けた人生を積極的に語ろうとしなかったことにある。同時に、アフロヘアで競技場に現れたり、タバコを吹かしながら試技前のストレッチをしたりするようなアスリートを、大手新聞やTV局の記者も敬遠したのだろう。

日本選手権の前夜に女を抱き、寝不足のまま競技場に現れたというエピソードなど、今の時代なら週刊誌のかっこうの餌食《えじき》となろうが、不勉強な質問でもしようものなら鉄拳《てっけん》が飛んでくる取材対象がいたら、私も物怖《ものお》じしてしまって簡単には近づけなかったかもしれない。

溝口はロサンゼルスとソウルの両五輪に出場したあと、一九八九年に日本人として初めて賞金レースである「ワールド・グランプリ」（WGP）シリーズに参戦。その初戦「ブルース・ジェンナー・クラシック」（八九年五月二七日）において、世界記録にあと六cmと迫る「八七m六〇」の自己新をマークする。これは、三〇年以上が経過した現在も破られることのない日本記録である。

八九年のWGPシリーズは総合優勝こそかなわなかったものの、溝口は二位に輝き、この快挙によって溝口の挑戦に懐疑的だった国内では、手のひらを返したように世界記録更新へ期待の声が高まっていく。

日本人として未知の世界に飛び込んでいくアスリートというのは、いつの時代も孤高な存在だ。メジャーリーグに挑戦した野球の野茂英雄《のもひでお》やイチローしかり、サッカーの中田英《なかたひで》寿《とし》しかり。私がここ数年、取材に力を入れてきたゴルフの松山英樹《まつやまひでき》にしても、知ったかぶった質問には露骨に嫌悪感を示すため、彼をインタビューする際は、いつも以上に準備に力を入れて、緊張感を持ちながら臨まなければならない。

聞きかじった情報だけで記事にする記者に、人生を賭けた競技に対する想いや細かな技術論を語ったところで理解できるはずがないし、核心に迫れるはずがない。そうした不信

ゆく。

胸襟を開かせ、溝口の世界一の投擲技術と、その生き様を『一投に賭ける』では活写して

をかけて、無頼派で、孤高のアスリートの先駆者である溝口とつかず離れずの関係を築く。

ノンフィクション作家の上原善広《うえはらよしひろ》は一八年という、実にオリンピック四回分以上の歳月

感が次第に開拓者の口を貝にさせるのだろう。

溝口の一人称で綴《つづ》られていく本書は、体裁としてはゴーストライターが聞き書きをする即物的な自叙伝に近いのかもしれないが、数時間あまりのやりとりで溝口の哲学を理解できるはずもない。上原は溝口が話す「天才語」を紐解《ひもと》き、まさしく上原に溝口が憑依《ひょうい》したかのように描いていく……そんなステレオタイプな比喩《ひゆ》も、決して大げさではないほど、本書は上原しか描けないノンフィクション作品として完成している。

それゆえ、ライバルである先輩アスリートを中傷するような表現も散見されるし、国内の陸上競技を管轄する日本陸上競技連盟（ＪＡＡＦ）への批判も飛び出す。愚っ直なアスリートを、愚っ直な作家が描くからこそ、そこに他者への配慮や組織への忖度《そんたく》などはゼロなのだ。

和歌山県白浜町《しらはまちょう》に育った溝口は、生来、負けず嫌いで、自尊心も人一倍強かった。やり投げを始める以前、中学生の頃に、校内でも評判の可愛らしい女子と付き合うことになったが、なぜかすぐに振られてしまった。それが悔しくて猛烈に追いかけてよりを戻せたか

と思うと、今度は自ら振ってしまったという。

そして、熊野《くまの》高校入学と同時に、いよいよやり投げを開始する。もともと身体が頑丈で、肩が誰よりも強かった溝口にとって、やり投げは天性を活《い》かせる競技といえた。高校卒業後もやり投げを続けることを決意し、競技を「極める」ことに注力していく。

本書には次の一節がある。

「私はやり投げを始めたときから、正確には大学生になってやり投げのために生きることを決意したときから、日常生活も含め、全てをやり投げに結び付けてきた。箸の上げ下ろしから歩き方まで、極端にいえばセックスしている最中でも、この動きをやり投げに応用できないかと考え続けてきた」

やり投げは、「全長二・六m、重さ八〇〇gの細長い物体をより遠くに飛ばす」競技だ。しかし、日々の練習においては、やりをひたすらに投げ続けるわけではない。練習の大半は、その土台となる体作りだ。

とりわけ溝口が力を入れたのは、ウエイト・トレーニングだった。地獄のようなトレーニングメニューを自身に課し、骨格で勝る外国人にもひけをとらない肉体を築こうとしていく。

溝口にとって、最初の大舞台は八二年のロサンゼルス五輪だった。満員のスタジアムで残した記録は七四m八二。予選落ちに終わる。
競技場を引き揚げようとしたその時、コーチから罵声《ばせい》を浴び、プライドを傷つけられた溝口は、怒りに震えながら日の丸のついたユニフォームを大会ボランティアにくれてやり、日本選手団が着用するブレザーも、解散式が終わって拠点の京都へ戻る新幹線のゴミ箱に捨てたという。

先述した中学校での短い恋の逸話もそうだが、こうした細かなエピソードこそ、孤高で無頼派のアスリートの人間らしい一面が垣間《かいま》見える瞬間であり、だからこそ上原も大切に描こうとしたのではないだろうか。

また、第二章「確立」では、溝口のやり投げを構築する投擲の技術と、溝口が自身に課したウエイト・トレーニングの詳細が記されている。体作りの専門書のようにひたすらメニューを列記することで、いかに溝口が自身の肉体を追い込んでいたかが際立つものになっている。

本書を手にする（アスリートではない）一般読者にとって興味の薄い話題にも丁寧に触れているのは、上原自身が元円盤投げの選手で、高校時代に府大会で優勝、大学も大阪体育大学にスポーツ推薦で入学したことが背景にあるのだろう。溝口の理論を後世に残す役割として上原も紙幅を割いたのではないか。

八八年のソウル五輪を前に、やりの規格が変更となり、いわゆる「飛ばないやり」となった。重心が前方へと移り、やりが頂点に達したあと、急激に失速して芝に突き刺さってしまう。要はパワー頼みで記録が出るやり投げから、パワーと共に技術も問われるやり投げへと競技の本質が変貌《へんぼう》を遂げた。これが溝口には幸いしたと回想する。

ソウル五輪後、今一度、やり投げの技術を見直し、フォームの微修正に着手する。肩をカチッとキメた状態から全力で助走し、スピードをできるだけキープしたままガニ股《また》の状態でクロス・ステップし、フィニッシュはテコの原理でやりを空中に直線的に放り出していく。身体への負担は大きいものの、それまで培ってきた鋼の肉体が下支えした。

八九年に溝口は自己記録を二年ぶりに更新、そして冒頭のWGPシリーズの「八七m六〇」に続いていく。この記録は、一度は、当時の世界記録である「八七m六八」とアナウンスされ、その後、安物のビニール製のメジャーで再計測となり、記録は改められた。「幻の世界記録」と呼ばれる所以《ゆえん》である。

アジア人に対する露骨な差別行為に、誰よりも恨み節をぶちまけたいはずの溝口は、意外にも冷静に受け止めている。その一瞬に、一投にすべてを賭けてきた男には、それが世界記録だろうが、自己記録だろうが、投げ終えてしまえば既に過去の足跡でしかなく、記録となった時には既に歩を前へ進めている、ということなのだろう。

この頃すでに、溝口の身体は限界点に達していた。九〇年のシーズンを前に、右肩の靭《じん》帯《たい》を損傷し、全力の投擲ができない身体となってゆく。それでも主要大会には出場し続けていたが、七〇m台の低調な記録に終始した。身体はもはやボロボロだった。

溝口は言う。

「やり投げを好きだと思ったことは一度もない。

しかし、やり投げが私の全てだったことは確かだ」

太く短く生きることを信念にしてきた男も、九六年に三四歳で現役を引退する。パチプロに転身し、俗世を離れるように陸上界から忽然《こつぜん》と姿を消した……ように思われていた。実は現役時代の晩年（九四年）から、中京大学でハンマー投げの室伏広治を実質的に指導し、とりわけウエイト・トレーニングを徹底的に叩き込み、室伏の投擲《とうてき》技術を世界一と称されるまで共に磨き上げた。こうした世間の耳目を引く溝口の功績も、本書では実にさらりと描かれているのが、溝口を誰より理解する上原らしい。

それにしても、単行本の刊行までに一八年、文庫化までの時間を含めれば二二年という歳月をかけ、ひとりのアスリートを追うことなど、簡単ではない。もちろん、営利を期待した歳月ではない。上原にあるのは、同じ投擲の選手だった時代からあった、溝口に向ける憧憬《しょうけい》の目だけだろう。

最後に個人的な話をするのをお許しいただきたい。私にも二〇年近く追い続けるアスリート（柔道家）がいる。彼は私より二歳下だが、彼の出身地である宮崎で、同じように柔道に励んでいた私にとってはアイドルであり、彼を追うためにスポーツ取材を開始した。シドニー五輪で金メダルを獲得した彼も、今では全日本男子の監督である。溝口とはまったくタイプの異なる、日向《ひなた》を歩き、脚光を浴び続けてきた人物である。

しかしながら、彼を追ってきた二〇年の歳月の果てに何を残せるのか。東京五輪が延期と決まったいま、改めてそうした命題を私に与えてくれたのが、上原善広の『一投に賭ける』である。

二〇二〇年三月

224

本書は、二〇一六年六月に小社より刊行された作品を加筆修正のうえ、文庫化したものです。

一投《いっとう》に賭《か》ける

溝口和洋《みぞぐちかずひろ》、最後《さいご》の無頼派《ぶらいは》アスリート

上原善広《うえはらよしひろ》

令和2年 4月25日　初版発行
令和6年 4月30日　7版発行

発行者●山下直久

発行●株式会社KADOKAWA
〒102-8177　東京都千代田区富士見2-13-3
電話　0570-002-301（ナビダイヤル）

角川文庫 22122

印刷所●株式会社KADOKAWA
製本所●株式会社KADOKAWA

表紙画●和田三造

●お問い合わせ
https://www.kadokawa.co.jp/（「お問い合わせ」へお進みください）
※内容によっては、お答えできない場合があります。
※サポートは日本国内のみとさせていただきます。
※Japanese text only

ISBN 978-4-04-108977-4　C0195

角川文庫発刊に際して

角川源義

第二次世界大戦の敗北は、軍事力の敗北であった以上に、私たちの若い文化力の敗退であった。私たちの文化が戦争に対して如何に無力であり、単なるあだ花に過ぎなかったかを、私たちは身を以て体験し痛感した。西洋近代文化の摂取にとって、明治以後八十年の歳月は決して短かすぎたとは言えない。にもかかわらず、近代文化の伝統を確立し、自由な批判と柔軟な良識に富む文化層として自らを形成することに私たちは失敗して来た。そしてこれは、各層への文化の普及滲透を任務とする出版人の責任でもあった。

一九四五年以来、私たちは再び振出しに戻り、第一歩から踏み出すことを余儀なくされた。これは大きな不幸ではあるが、反面、これまでの混沌・未熟・歪曲の中にあった我が国の文化に秩序と確たる基礎を齎らすためには絶好の機会でもある。角川書店は、このような祖国の文化的危機にあたり、微力をも顧みず再建の礎石たるべき抱負と決意とをもって出発したが、ここに創立以来の念願を果すべく角川文庫を発刊する。これまで刊行されたあらゆる全集叢書文庫類の長所と短所とを検討し、古今東西の不朽の典籍を、良心的編集のもとに、廉価に、そして書架にふさわしい美本として、多くのひとびとに提供しようとする。しかし私たちは徒らに百科全書的な知識のジレッタントを作ることを目的とせず、あくまで祖国の文化に秩序と再建への道を示し、この文庫を角川書店の栄ある事業として、今後永久に継続発展せしめ、学芸と教養との殿堂として大成せんことを期したい。多くの読書子の愛情ある忠言と支持とによって、この希望と抱負とを完遂せしめられんことを願う。

一九四九年五月三日

角川文庫ベストセラー

もの食う人びと
辺見　庸

人は今、何をどう食べ、どれほど食えないのか。人々の苛烈な「食」への交わりを訴えた連載時から大反響を呼んだ劇的なルポルタージュ。文庫化に際し、新たに書き下ろし独白とカラー写真を収録。

しのびよる破局
生体の悲鳴が聞こえるか

辺見　庸

世界金融危機が叫ばれたが、〝破局〟は経済だけに限らない。価値観や道義、人間の内面まで崩壊の道を歩む〝現代〟を切り取る。大反響を巻き起こしたNHK・ETV特集を再構成し大幅補充した警鐘の書。

完全版　1《イ》★9《ク》★3《ミ》★7《ナ》（上）
辺見　庸

人間の想像力の限界をこえる風景の祖型は1937年にあったのではないか。戦後、あたかも蛮行などなかったようにふるまってきた日本人の心性とは何か、天皇制とは何かを突き詰め、自己の内面をえぐり出す。

完全版　1《イ》★9《ク》★3《ミ》★7《ナ》（下）
辺見　庸

敗戦後70年、被害の責任も加害の責任も、誰もとっていないこの日本という国は何か。過去にこそ未来のイメージがあるとして、深い内省と鋭い洞察によって時代を迎え撃つ、戦後思想史上最大の問題作！

「A」
マスコミが報道しなかったオウムの素顔

森　達也

メディアの垂れ流す情報に感覚が麻痺していく視聴者、モノカルチャーな正義感をふりかざすマスコミ……「オウム信者」というアウトサイダーの孤独を描き出した、時代に刻まれる傑作ドキュメンタリー。

角川文庫ベストセラー

職業欄はエスパー　森　達也

スプーン曲げの清田益章、UFOの秋山眞人、ダウジングの堤裕司。一世を風靡した彼らの現在を、ドキュメンタリーにしようと思った森達也。彼らの力は現実なのか、それとも……超オカルトノンフィクション。

世界が完全に思考停止する前に　森　達也

大義名分なき派兵、感情的な犯罪報道……あらゆる現実に葛藤し、煩悶し続ける、最もナイーブなドキュメンタリー作家が、「今」に危機感を持つ全ての日本人を納得させる、日常感覚評論集。

クォン・デ　―もう一人のラストエンペラー―　森　達也

満州国皇帝溥儀を担ぎ上げた大東亜共栄圏思想が残した、もう一つの昭和史ミステリ。最も人間の深淵を見つめ、描き上げるドキュメンタリー作家が取材9年、執筆2年をかけ、浮き彫りにしたものは？

それでもドキュメンタリーは嘘をつく　森　達也

「わかりやすさ」に潜む嘘、ドキュメンタリーの加害性と鬼畜性、無邪気で善意に満ちた人々によるファシズム……善悪二元論に簡略化されがちな現代メディア社会の危うさを、映像制作者の視点で綴る。

死刑　森　達也

賛成か反対かの二項対立ばかり語られ、知っているようでほとんどの人が知らない制度、「死刑」。生きていてはいけない人などいるのか？　論理だけでなく情緒の問題にまで踏み込んだ、類書なきルポ。

角川文庫ベストセラー

いのちの食べかた
森　達也

お肉が僕らのご飯になるまでを詳細レポート。おいしいものを食べられるのは、数え切れない「誰か」がいるから。だから僕らの暮らしは続いている。〝知って自ら考える〟ことの大切さを伝えるノンフィクション。

オカルト
現れるモノ、隠れるモノ、見たいモノ

森　達也

職業＝超能力者。ブームは消えても彼らは消えてはいない。否定しつつも多くの人が惹かれ続ける不可思議な現象、オカルト。「信じる・信じない」の水掛け論を超え、ドキュメンタリー監督が解明に挑む。

スローカーブを、もう一球
山際淳司

ホームランを打ったことのない選手が、甲子園で打った16回目の一球。九回裏、最後の攻撃で江夏が投げた21球。スポーツの燦めく一瞬を切りとった8篇を収録。

和僑
農民、やくざ、風俗嬢。中国の夕闇に住む日本人

安田峰俊

「日本人であること」を過剰に意識してしまう場、〝中国〟。そこで暮らすことを選んだ日本人＝和僑。嫌われている国をわざわざ選んだ者達の目に映る、日本と中国とは――。異色の人物達を追った出色ルポ！

移民 棄民 遺民
国と国の境界線に立つ人々

安田峰俊

なぜ女子大生は「無国籍者」となったのか？　なぜ軍閥高官の孫は魔都の住人となったのか？　国民国家のエラーにされた人々の実態、そして彼らから見た移民大国・日本の姿。「境界の民」に迫る傑作ルポ‼

角川文庫ベストセラー

娼婦たちから見た日本
黄金町、渡鹿野島、沖縄、秋葉原、タイ、チリ
八木澤高明

沖縄、フィリピン、タイ。米軍基地の町でネオンに当たり続ける女たち。黄金町の盛衰を見た外国人娼婦。国策に翻弄されたからゆきさんとじゃぱゆきさん。世界最古の職業・娼婦たちは裏日本史の体現者である！

嘘つきアーニャの真っ赤な真実
米原万里

一九六〇年、プラハ。小学生のマリはソビエト学校で個性的な友だちに囲まれていた。三〇年後、激動の東欧で音信が途絶えた三人の親友を捜し当てたマリは――。第三三回大宅壮一ノンフィクション賞受賞作。

心臓に毛が生えている理由《わけ》
米原万里

ロシア語通訳として活躍しながら考えたこと。在プラハ・ソビエト学校時代に得たもの。日本人のアイデンティティや愛国心――。言葉や文化への洞察を、ユーモアの効いた歯切れ良い文章で綴る最後のエッセイ。

米原万里ベストエッセイⅠ
米原万里

抜群のユーモアと毒舌で愛された著者の多彩なエッセイから選りすぐる初のベスト集。ロシア語通訳時代の悲喜こもごもや下ネタで笑わせつつ、政治の堕落ぶりを一刀両断。読者を愉しませる天才・米原ワールド！

米原万里ベストエッセイⅡ
米原万里

幼少期をプラハで過ごし、世界を飛び回った目で綴る痛快比較文化論、通訳時代の要人の裏話から家族や犬猫たちとの心温まるエピソード、そして病と闘う日々の記録――。皆に愛された米原万里の魅力が満載。